INTERWARE
DESIGN TRANSVERSAL

Ce catalogue accompagne l'exposition « Interware, design transversal, haute couture design architecture » organisée par le musée d'Art et d'Industrie de Saint-Etienne et présentée du 15 octobre 2010 au 14 mars 2011.

This catalogue accompanies the exhibition "Interware, Transversal Design, Haute Couture Design Architecture" organized by the Museum of Art and Industry of Saint-Etienne, and held from 15 October 2010 to 14 March 2011.

MAURIZIO GALANTE

TAL LANCMAN

INTERWARE
DESIGN TRANSVERSAL

HAUTE COUTURE DESIGN ARCHITECTURE

SilvanaEditoriale

EDITO

Dresser une frontière entre les objets d'art et les objets industriels, ne serait-ce pas absurde et contraire à la qualité de notre vie ?

Telle pourrait être la question qui résume cette nouvelle exposition, qui représente la contribution de notre musée d'Art et d'Industrie à la Biennale internationale de Design 2010 de Saint-Etienne.

A la suite de Maurizio Galante et Tal Lancman, créateurs invités par le musée et tous deux fondateurs de la société INTERWARE, le visiteur est appelé à comprendre et apprécier ce que peut être une démarche artistique appliquée à des objets, utiles ou simplement décoratifs, intégrés à son quotidien. C'est ainsi toute une facette de la démarche des designers qui nous est rendue présente, celle qui s'applique à des objets, a recours à des innovations technologiques (dans les matériaux, les formes...), mais sans renoncer en rien à une originalité artistique. Pour Maurizio Galante et Tal Lancman, un objet peut rester unique ou être fabriqué par milliers, cela n'ampute pas sa valeur artistique, sa participation à un élan de créativité.

Je remercie les responsables et les agents du musée d'Art et d'Industrie de leur engagement dans notre Biennale. Mais n'est-il pas chose normale, dans ce lieu de culture et de mémoire où l'on honore les liens, tissés très tôt dans la région stéphanoise, entre l'art et l'industrie ?

Maurice VINCENT
Maire de Saint-Etienne, Président de Saint-Etienne Métropole

FOREWORD

Drawing a dividing line between objects of art and industrial objects, wouldn't that be absurd and contrary to the quality of our lives?

This may be the question that sums up this new exhibition, which represents the contribution of our Museum of Art and Industry to the 2010 International Biennale of Design at Saint-Étienne.

Maurizio Galante and Tal Lancman, the designers and founders of the company INTERWARE who were invited by the museum, challenge the visitor to comprehend and appreciate how an artistic approach applied to objects, whether functional or simply decorative, integrates into ones daily life. Thus it is a facet of the designers' presented process, which is applied to objects using technical innovations (in materials, forms...), but without ever relinquishing artistic originality. For Maurizio Galante and Tal Lancman an object may be unique or else manufactured by the thousand, without detracting from its artistic value or its share of the creative impulse.

I thank the directors and staff of the Museum of Art and Industry for their commitment to our Biennale. But is it not to be expected in this place of culture and memory, where the ties between art and industry, woven very early in the region of Saint-Étienne, have long been honoured?

Maurice VINCENT
Mayor of Saint-Étienne, President Saint-Étienne Métropole

INTERWARE, DESIGN TRANSVERSAL

« Est-t-il possible de tendre une ligne entre le standard, le populaire, le multiple et l'unique ? Le basique peut-il coexister avec l'élaboré ? Le commun peut-il fréquenter le rare ? La vie de tous les jours n'est pas nécessairement liée à la répétition et à la routine, elle peut être magique ! »

En 2003, le designer et couturier Maurizio Galante s'associe au designer et prescripteur de tendances Tal Lancman, afin de créer INTERWARE. Leur vision transversale parcourt les différentes disciplines du design, de la mode au mobilier, en passant par l'architecture, l'aménagement d'intérieurs ou d'extérieurs.
Le duo se déplace librement entre les disciplines qu'ils revisitent avec intelligence, perspicacité et profondeur. Le processus aboutit à un concept à facettes multiples, empreint d'un équilibre subtil entre le pragmatique et l'irrationnel.

Une autre facette de la philosophie d'INTERWARE propose une série d'objets de compagnie au design émouvant, drôle et stimulant, qui offre une présence amicale à leur maître-propriétaire. Tel un ami familier, ces objets, animés d'âme et d'aura, attendent leur retour à la maison procurant force, confort et sentiment d'appartenance.

Le musée d'Art et l'Industrie de Saint-Étienne invite Maurizio Galante et Tal Lancman avec le désir commun de communiquer un message qui prend un sens tout particulier à l'heure du passage entre les ères différentes, à une époque où l'on est appelé à réévaluer et à redéfinir les conventions. A l'image de la philosophie d'INTERWARE qui s'efforce d'instaurer un équilibre entre la production industrielle et la tradition artisanale, l'exposition présente un ensemble de travaux qui respire la chaleur et la tendresse tout en faisant appel à la technologie de pointe ; il en résulte un design célébrant le meilleur de ces deux mondes.

L'exposition est le fruit de nombreuses collaborations avec de célèbres maisons d'édition et institutions culturelles mais aussi des objets exclusifs édités et fabriqués au sein des ateliers d'INTERWARE.
De façon généreuse et très démonstrative, Maurizio Galante et Tal Lancman nous invitent dans leur univers ; objets et dessins exclusifs illustrent le processus de création. Ils traduisent le langage qui leur est propre et qui épouse harmonieusement le prosaïque et l'unique.

INTERWARE, TRANSVERSAL DESIGN

"... Is it possible to stretch a line between the standard, the popular, the duplicated and the unique? Can the basic live with the elaborate, the common with the rare? The everyday is not necessarily about repetition and routine: it can be magical!"

In 2003 designer Maurizo Galante teamed up with trend forecast analyst and designer Tal Lancman, to form INTERWARE. Their crossover vision transverses the different design disciplines, from fashion to furniture, interiors, architecture and gardening. As the duo moves freely between disciplines, they revisit domains equipped with new understandings, insights and observations. The process results in a multi-faceted concept, with a subtle balance between the pragmatic and the irrational.

Another facet of INTERWARE's philosophy proposes a series of objects/companions; expressive, amusing, and thought-provoking designs, bestowing owners with their friendly presence. Charged with anima and aura, they await to welcome us on our return home; a familiar friend, providing strength, comfort, and belonging.

Saint Etienne's Museum of Art and Industry welcomes Maurizio Galante and Tal Lancman in a mutual wish to communicate a message that is particularly significant in times of passage between eras, when one is called to re-evaluate and redefine convention. As INTERWARE's philosophy strives to establish a balance between the industrial and an artisan's true tradition, the exhibition presents a body of work that breathes warmth and tenderness in tandem with cutting-edge technology, which results in design that celebrates the best of both worlds.

The exhibition showcases the fruits of INTERWARE's collaborations with well known editing companies and cultural institutions, as well as exclusive designs edited and manufactured at INTERWARE's atelier.
In a generous and demonstrative manner, Maurizio Galante and Tal Lancman invite us into their world, through a series of objects and exclusive designs created in their own distinctive language which illustrate the process of creation. They harmoniously marry the prosaic and the unique.

CARTE BLANCHE À MAURIZIO GALANTE ET TAL LANCMAN

Doté en 2001 d'une muséographie moderne et poétique par les architectes Jean-Michel Wilmotte et Fabrice Drain, le musée d'Art et d'Industrie restitue toute l'ampleur des patrimoines de l'arme, du cycle et du ruban. Ces collections, présentées en relation avec des recherches historiques et ethnographiques suivies, éclairent tout autant les savoir-faire anciens que les nouvelles technologies développées, en particulier, depuis la fin des années quatre-vingt dans le grand mouvement de restructuration industrielle qu'a connu notre région.

Depuis le milieu du XIXe siècle, le musée d'Art et d'Industrie illustre et interprète la relation multiforme entre art et industrie dans l'objectif d'abord de favoriser l'éducation professionnelle des ouvriers d'art au plan artistique et technique, ensuite, de former le goût du public car la reconnaissance de la qualité se cultive. Par ailleurs, loin de se cantonner aux rappels historiques, ce musée a toujours enrichi ses présentations des objets les plus récents produits par les industries d'art dont il se faisait l'ambassadeur.

Le parcours muséographique du musée d'Art et d'Industrie d'aujourd'hui adapte et actualise ces missions. Modes opératoires artistiques et artisanaux mis au service de la création industrielle reconnue comme l'une des « traditions » stéphanoises, processus d'innovation technique, sociale et aussi commerciale, sont présentés dans les salles permanentes. La politique des expositions temporaires, dont les thématiques mettent en valeur la richesse des collections, reste soucieuse des interrogations actuelles du public sur les transformations de la société d'aujourd'hui.

Loin de promouvoir un enfermement identitaire, le dialogue entre objets et documents, entre histoire et mémoire, construit avec persévérance de nouveaux points de vue critiques sur un passé familier sans être bien connu, mais aussi, sur des voies de développement que le musée contribue à faire entrevoir. Aussi, l'ouverture sur les modalités de la création artistique et industrielle contemporaine, sur les nouveaux usages et usagers des produits phares de l'économie stéphanoise reste-t-elle la préoccupation majeure des promoteurs du musée.

La réactivation de l'image et de la connaissance de la rubanerie, bien vivante aujourd'hui malgré sa discrétion, passait par « Les Enrubannées » et l'association du ruban au monde de la haute couture. « Esprit Staron » démontrait le lien entre création textile, art contemporain et savoir-faire productif. « Textiles du XXIe siècle » révélait le caractère pionnier du textile régional dans les nouvelles technologies et le service à la personne.

Ce sont ces congruences de valeurs professionnelles, de savoir-faire artisanal et industriel, ce souci de service aux utilisateurs, qui nous rapprochent une nouvelle fois aujourd'hui de Maurizio Galante en duo avec Tal Lancman dans la restitution de projets design que les deux créateurs qualifient de transversal. On peut tisser des correspondances entre certains projets d'INTERWARE et des réalisations remarquables mises en valeur dans nos salles. Pour ne citer qu'un exemple, l'édition en série de fauteuils brodés à la main de rubans éclaire une nouvelle vision du fusil Idéal de Manufrance, qui au sortir de production propose un effet design complet mais peut s'habiller de gravures qui confirment l'intimité avec son possesseur.

Plus encore, c'est l'interrogation sur les voies et les objectifs du design qui anime notre intérêt pour la démarche d'INTERWARE. L'apport d'émotion, le supplément d'âme, l'orchestration de plusieurs disciplines artistiques dans la définition et la présentation de ces œuvres collectives et néanmoins signées, mettent en évidence la philosophie avant tout humaniste que l'on perçoit dans la personnalité de Maurizio Galante. On songe bien sûr à certaines figures de la Renaissance, associant art et technique dans des recherches et réalisations multiformes.

De la façon la plus heureuse, au regard tranquille et bienveillant de Maurizio Galante, s'associe celui plus taquin et si créatif aussi du prescripteur de tendances Tal Lancman. Doté d'un capital d'enfance joueuse, dont il a su conserver la fraîcheur, Tal Lancman attise le potentiel de délivrance de plaisir d'INTERWARE, désignant comme première fonction de l'objet l'apport de tendresse et de sollicitude. Remarquable inspiration que celle des poufs de compagnie dans un monde social marqué par toujours plus de célibataires !

C'est bien à une dynamique de duo que nous avons à faire, un duo qui fait du design d'abord une compréhensive attention pour l'utilisateur, qui ouvre sa main pour laisser envoler des univers oniriques et toujours bienveillants.

CARTE BLANCHE TO MAURIZIO GALANTE AND TAL LANCMAN

Endowed in 2001 with a modern, poetic museum space by architects Jean-Michel Wilmotte and Fabrice Drain, the Museum of Art and Industry now presents the full extent of its heritage in weaponry, bicycles, and ribbonry. These collections, presented in conjunction with historical and ethnographic research, shed light on both ancient know-how and the new technologies, developed especially since the late 1980s in the course of the great industrial restructuring movement that took place in our region.

Since the mid-19th century, the Museum of Art and Industry has illustrated and interpreted the multifaceted relationship between art and industry with the aim to promote professional education of workers on the artistic and technical level, and thereby develop the public taste to recognize quality. Additionally, far from being confined to historical references, this museum has always enriched its exhibitions with the latest products of the art industries, of which it has become an established ambassador.

Today's itinerary in the Museum of Art and Industry adapts and updates these objectives. Artistic and artisan procedures in the service of industrial creation are recognized as one of the Saint-Étienne "traditions"; processes of innovative technique, social as well as commercial, are presented in the permanent collection. The policy of temporary exhibitions, the themes of which emphasize the richness of the collections, remains mindful of current public questioning of the changes in today's society.

Far from promoting an introversion of identity, the dialogue between objects and documents, between history and memory, continually produces new critical perspectives on a past that is familiar without being well known, as well as avenues of development that the museum helps to highlight. Additionally, the openness to contemporary methods of artistic and industrial creation, to new uses and users of the predominant products of Saint-Étienne's economy, remains the primary concern of the museum's promoters.

The active revival of the image and knowledge of ribbonry today, despite its discretion, was brought about by "Les Enrubannées" and the association of ribbon with the world of haute couture. "Esprit Staron" demonstrated the ties between textile design, contemporary art, and production know-how. "Textiles du XXIe siècle" revealed the pioneering character of the regional textile industry in new technologies and personal service.

It is the congruence of professional values, artisan and industrial know-how, and the concern with service to the users, which today once again brings us together with Maurizio Galante in tandem with Tal Lancman for the presentation of design projects that these two artists describe as transversal. One may make connections between certain INTERWARE projects and some remarkable achievements that are highlighted in our museum. To cite but one example, the series of armchairs hand-embroidered with ribbons illuminates a new view of the Ideal rifle by Manufrance, which at the start of production proposes a complete design effect, but may be enhanced with engravings, which give it a more intimate relationship with its owner.

Furthermore, the questioning of the means and design objectives arouses our interest in INTERWARE's approach. The contribution of emotion, the supplement of soul, and the orchestration of several artistic disciplines in the definition and presentation of these works, which are collective and not even signed, highlight the predominantly humanist philosophy perceived in the personality of Maurizio Galante. One can certainly be reminded of the great Renaissance figures, who combined art and technique in multifaceted researches and realisations.

In the happiest manner, the tranquil and benevolent outlook of Maurizio Galante is coupled with the very playful and creative attitude of Tal Lancman, a trend forecaster. Endowed with a wealth of child-like playfulness, the freshness of which he has managed to preserve, Tal Lancman stimulates INTERWARE's potential for giving pleasure, designating the element of tenderness and solicitude as the primary function of each object. Remarkable inspiration that their poufs are "companions" in a social world marked by ever more singles!

It is indeed a dynamic duo that we have here, a duo that designs with empathy for the user, and open-handedly scatters dreamlike and unfailingly benevolent universes.

Here we have an alliance of two little rascals who escape the watch of the museum guard to slip jubilantly beneath Marie-Antoinette's precious blanket, sell housewives the products of today's artisans and artists in the middle of the exhibition rooms of a museum of contemporary art, trample Lenôtre's flower-beds while launching the "sauvages" to assault a "gypsy" clothes line, de-wig the luminaries to dress up light bulbs,

Voici une association de deux bons petits garnements qui défient l'œil du surveillant pour se glisser avec jubilation sous la précieuse couverture de Marie-Antoinette, vendre aux mères de famille les objets d'artisans et artistes d'aujourd'hui au beau milieu des salles d'un musée d'art contemporain, piétiner les plates-bandes de Lenôtre en lançant des « sauvages » à l'assaut d'un étendage de « romanichelles », décoiffer les luminaires en attifant les ampoules, brancher l'électricité sur des gouttes d'eau, oui c'est une association de bons petits garnements que forment Maurizio et Tal.
En cela, INTERWARE correspond très bien à l'une des analyses produites par les organisateurs de la Biennale de Design et qui nous avertissent : « [...] les designers utilisent la langue du design pour poser des questions, distraire et provoquer pour transporter nos imaginations dans des mondes parallèles mais possibles [...] ».

Loin de se complaire dans d'apparents enfantillages, INTERWARE intègre le sérieux qui caractérise également l'enfant face au monde en péril, aux animaux en voie de disparition. Plus encore, cet étendage de guenilles couture assailli par une folle végétation ne peut-il être lu comme une vanité, une allégorie du temps qui passe et transforme toute chose ?
La réponse essentialiste de la goutte d'eau, solution inattendue et pleine de justesse à une demande classique de design de pommeau de douche pour l'équipementier Boffi, révèle bien la profondeur du propos d'INTERWARE. Le décalage du regard et de la pensée illustre ici fort bien l'apport de l'artiste, du designer, à l'entreprise.
La figure du tigre feuilleté de Baccarat transforme la matière en esprit, en sensation, en émotion, retournant la crainte en prise de conscience. La fonction du tigre n'est pas décorative, même si la mise en œuvre rappelle le patient travail de découpage et de construction des formes, de transposition des rayures dans les fameuses lamelles mouvantes de notre architecte.
Ici se gère une fonction immatérielle, mise à disposition du destinataire comme les fleurs du fauteuil-lys qui accueille Valentina C comme fleur la plus précieuse. Chaque pièce est une conversation au-delà des mots, dans la seule émotion.

Enfin, l'on n'aurait rien dit de Maurizio et Tal si l'on ne citait le mot élégance.
Élégance du style, élégance du dessin, élégance de la pensée, marquant toute œuvre d'une véritable signature. C'est une signature forte et fluide à la fois qui exalte sa singularité au travers de projets partagés.

Nadine BESSE
Conservateur en Chef du musée d'Art et d'Industrie de Saint-Etienne

connect electricity to droplets of water… Yes, Maurizio and Tal are a fine pair of little rascals. In this respect, INTERWARE corresponds very well to one of the analyses made by the organizers of the Saint-Étienne Design Biennial: "[…] designers use the language of design to ask questions, distract and provoke to transport our imaginations into parallel but possible worlds […]".

Far from indulging in the apparently infantile, INTERWARE integrates the seriousness that is equally characteristic of a child facing a world in peril, and of animals on the verge of extinction. Moreover, this string of ragged garments beset by vegetation run wild may be read not as vanity, rather an allegory of the passage of time transforming all things?

The essentialist response of the droplet of water, the unexpected and fully justified solution to a classic demand for the design of a shower head for the Boffi bathroom fittings company, reveals much about the depth of INTERWARE. The shift of perspective and thought here are illustrative of the contribution of the artist and designer to the enterprise.
The layered figure of the Baccarat tiger transforms matter into spirit, feeling, emotion, turning fear into awareness. The function of the tiger is not decorative, even if the implementation recalls the painstaking cutting and construction of forms, the transposition of stripes in our architect's famous shifting slices. In this case it plays an immaterial role, made available to the recipient like the flowers of the lily-armchair that inhabit Valentina C as the most precious of flowers. Each piece is a conversation beyond words, conveyed only in emotion.

Finally, one has said nothing about Maurizio and Tal if one has not mentioned the word elegance. Elegance of style, elegance of design, elegance of thought, all mark their work as a veritable signature. It is a bold and fluid signature that exalts its singularity through shared projects.

Nadine BESSE
Chief Curator of the Saint-Etienne Museum of Art and Industry

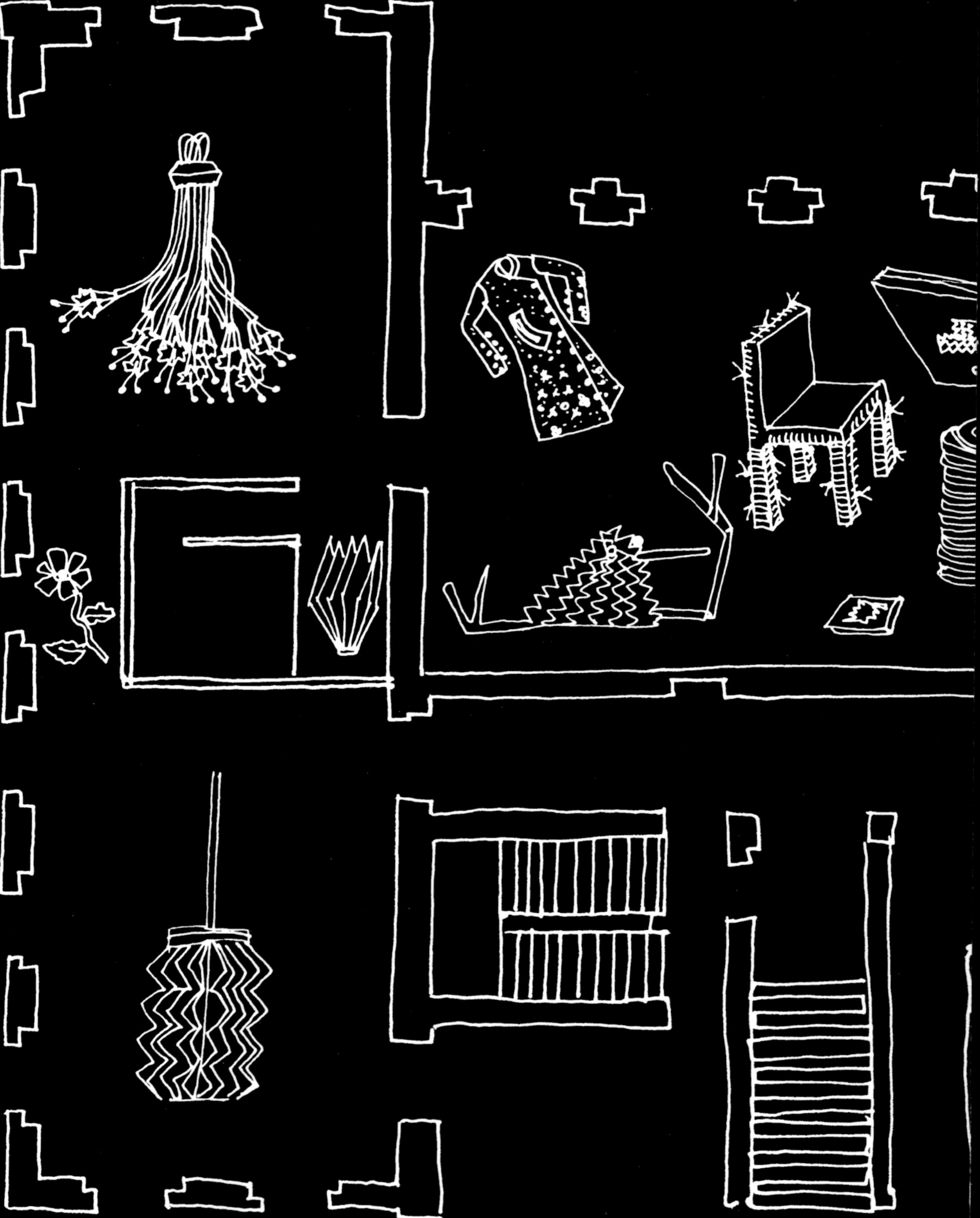

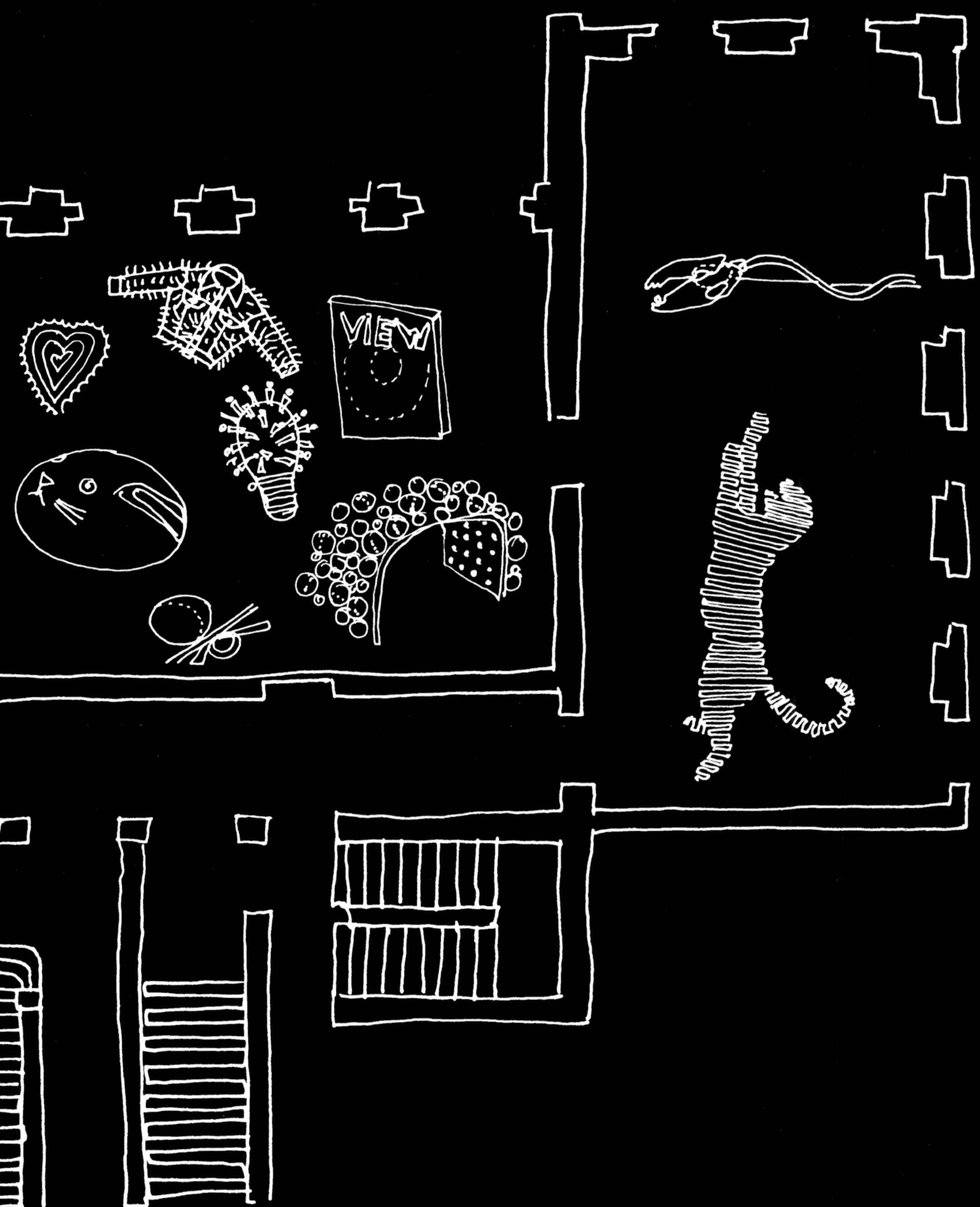

Plan de l'exposition dessiné
par Maurizio Galante et Tal Lancman

Exhibition's Plan drawn
by Maurizio Galante and Tal Lancman

SOMMAIRE | CONTENTS

DANAE LIQUID LIGHT

edited by **Boffi**

Sollicités par Anne Dallançon, directrice du show room de Boffi Bains à Paris dans le cadre des Designer's Days 2007, Maurizio Galante et Tal Lancman habillent l'intégralité du plafond de 25 000 sachets d'eau.

L'eau est l'élément de départ. L'installation s'inspire de l'histoire d'amour impossible entre Danaé et Zeus. Ce dernier pour l'aimer se métamorphose en pluie d'or. De cette union naît un fils, Persée. Loin de la matérialité des ensembles de salle de bain, INTERWARE remonte à la source, la goutte d'eau.
De cette installation éphémère, la lampe Danaé sera développée. Elle marque le début d'une collaboration autour de luminaires et autres produits.

At the invitation of Anne Dallançon, the director of the Boffi Bains Paris showroom as part of Designer's Days 2007, Maurizio Galante and Tal Lancman covered the entire ceiling with 25,000 sachets of water.

Water is the starting point. The installation is inspired by the impossible love story between Danaë and Zeus. The latter, to love her, metamorphosizes into golden rain. From this union a son, Perseus, was born. Far from the materiality of bathroom suites, INTERWARE returns to the source, the drop of water.
The Danaë liquid lamp was developed from this ephemeral installation. It coupled the incompatible: water and electricity. It marked the start of collaboration on lights and other products.

« J'attendais des Oh ! des Ah ! des gens entrant dans le show room ; ils étaient estomaqués ! Une ambiance de grotte glacée, les jeux de lumière, beaucoup de fraîcheur, un fond musical... tout y était merveilleux. »
Anne Dallançon, directrice du showroom Boffi Bains, Paris.

"I awaited the 'Ooh!' and 'Ah!' of the people entering the showroom; they were flabbergasted! An atmosphere of an ice grotto, the play of light, lots of freshness, background music ... everything was marvellous."
Anne Dallançon, Director of the Boffi Bains showroom, Paris.

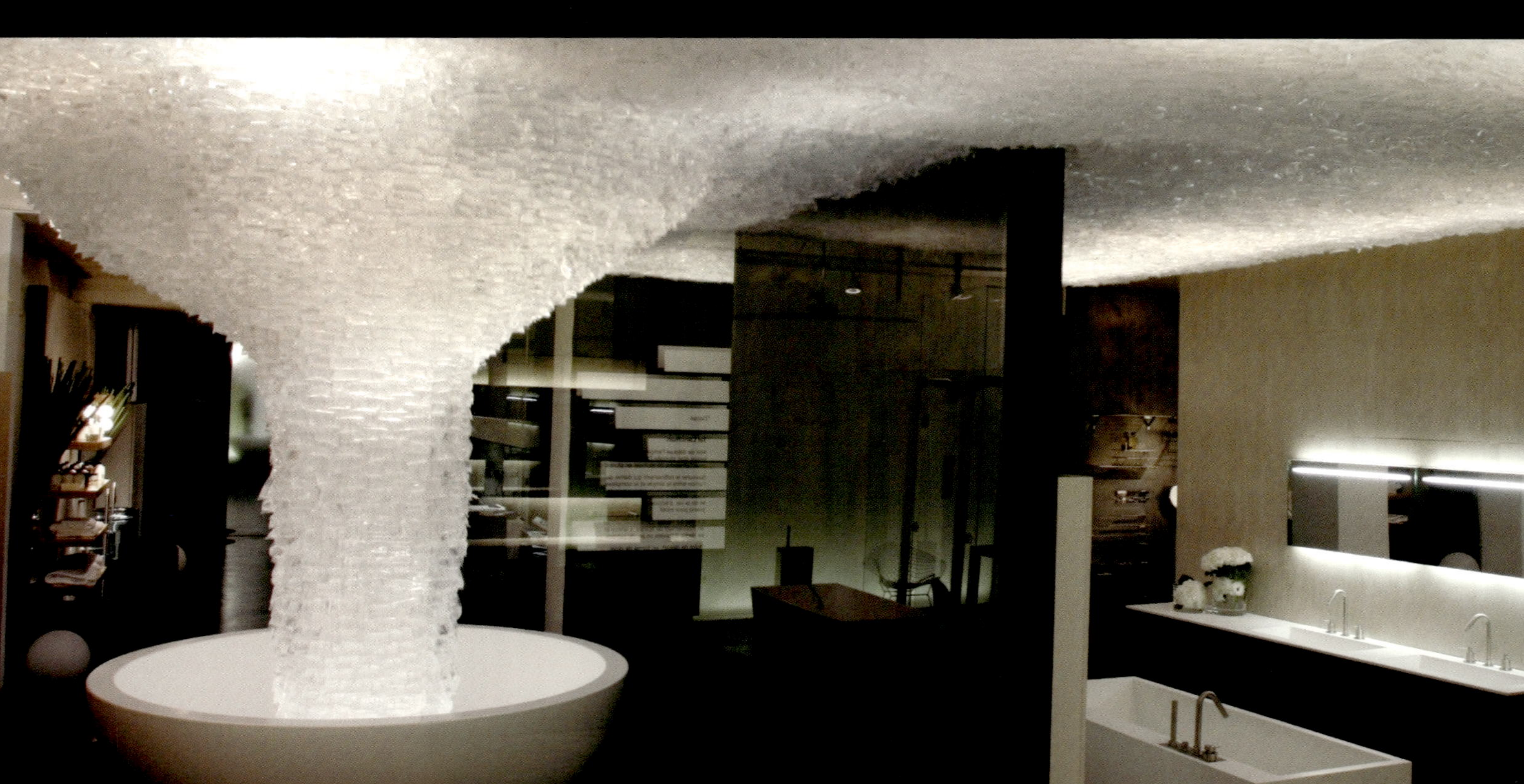

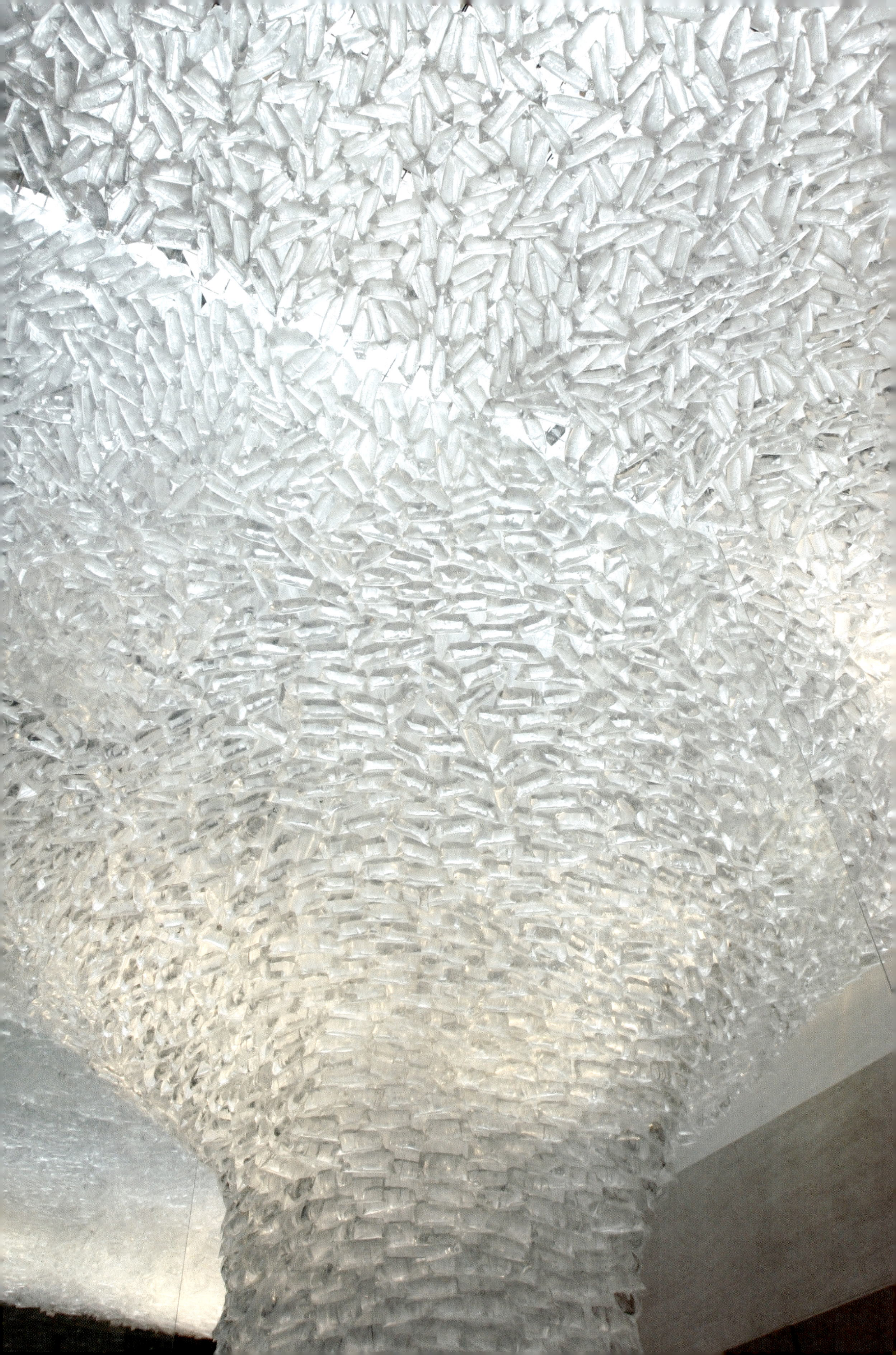

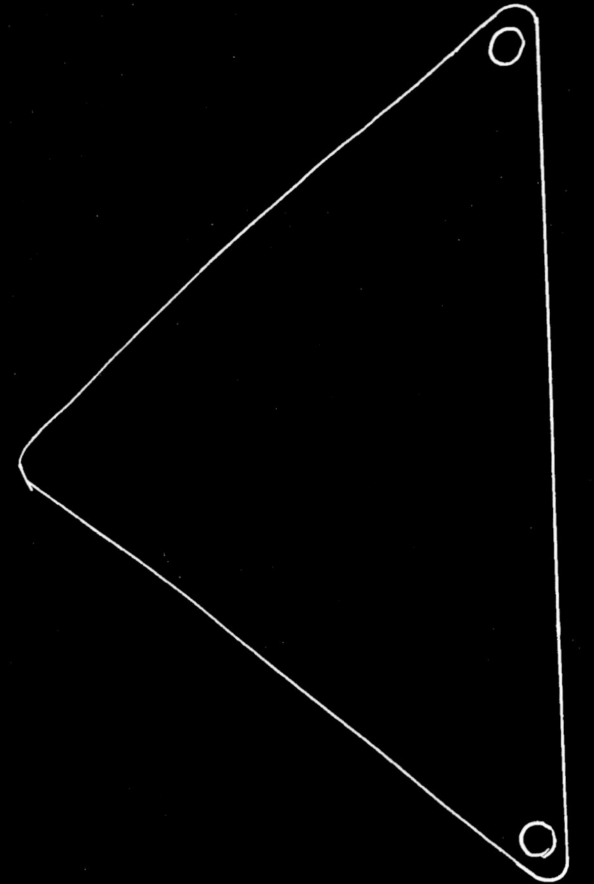

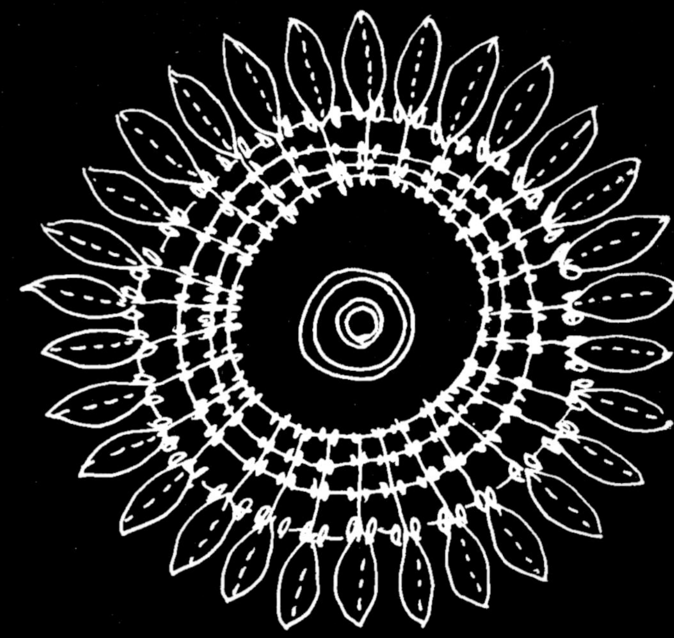

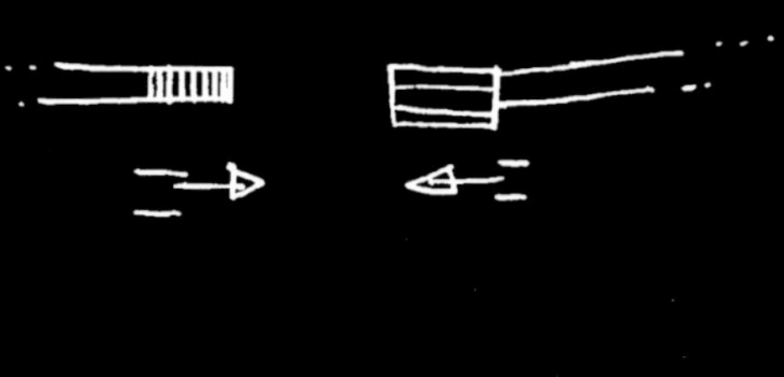

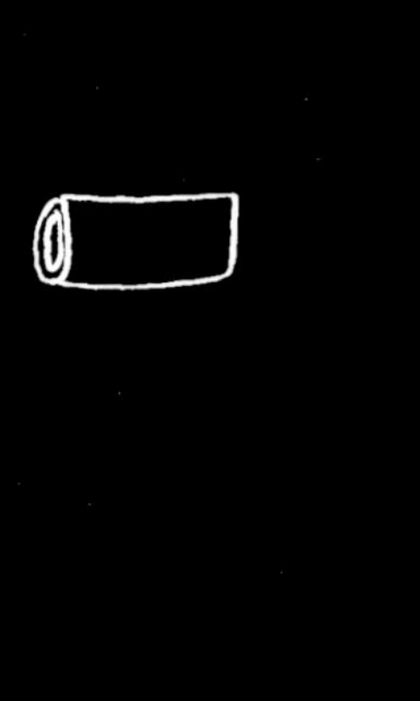

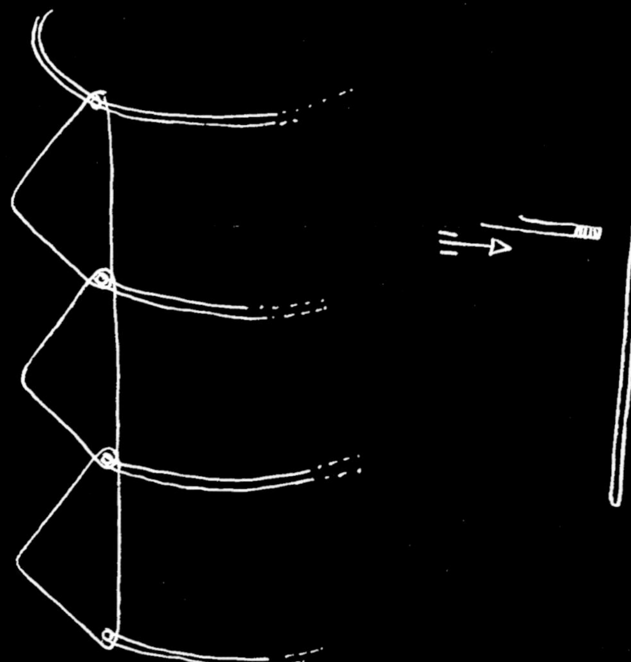

Croquis original destiné à l'atelier.

Original sketch for the workshop.

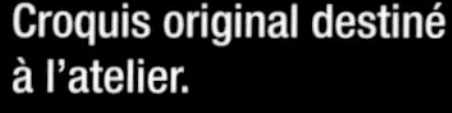

« Ils nous ont montré leur projet dans une jolie présentation, un livret de dessins cousus très abouti. » « La lampe imaginée était déjà très fascinante. Il restait à la créer. Cinq à huit mois ont été nécessaires à son élaboration. La lampe a été présentée pour la première fois en avril 2008 au Salon du Meuble de Milan dans un très beau lieu : une ancienne gare désaffectée. »
Roberto Gavazzi, directeur de Boffi.

"They introduced their project in a delightful presentation, a booklet of drawings stitched together. The imagined lamp was already fascinating. It just had to be created. Five to eight months were necessary to develop it. The lamp was presented for the first time in April 2008 at the Milan furniture exhibition in a very beautiful setting: an old disused railway station."
Roberto Gavazzi, Director of Boffi.

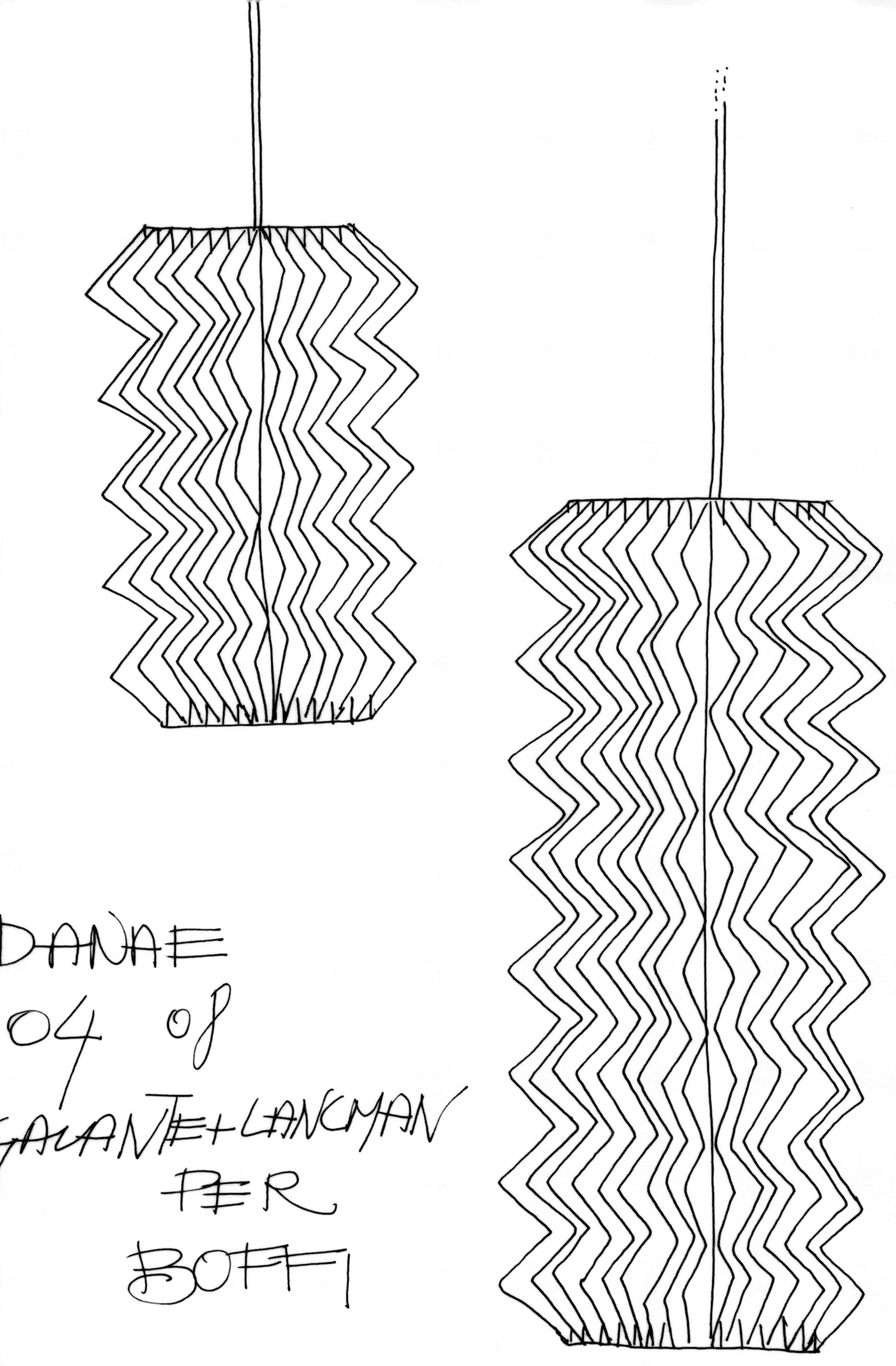
DANAE
04 08
GALANTE+LANGMAN
PER
BOFFI

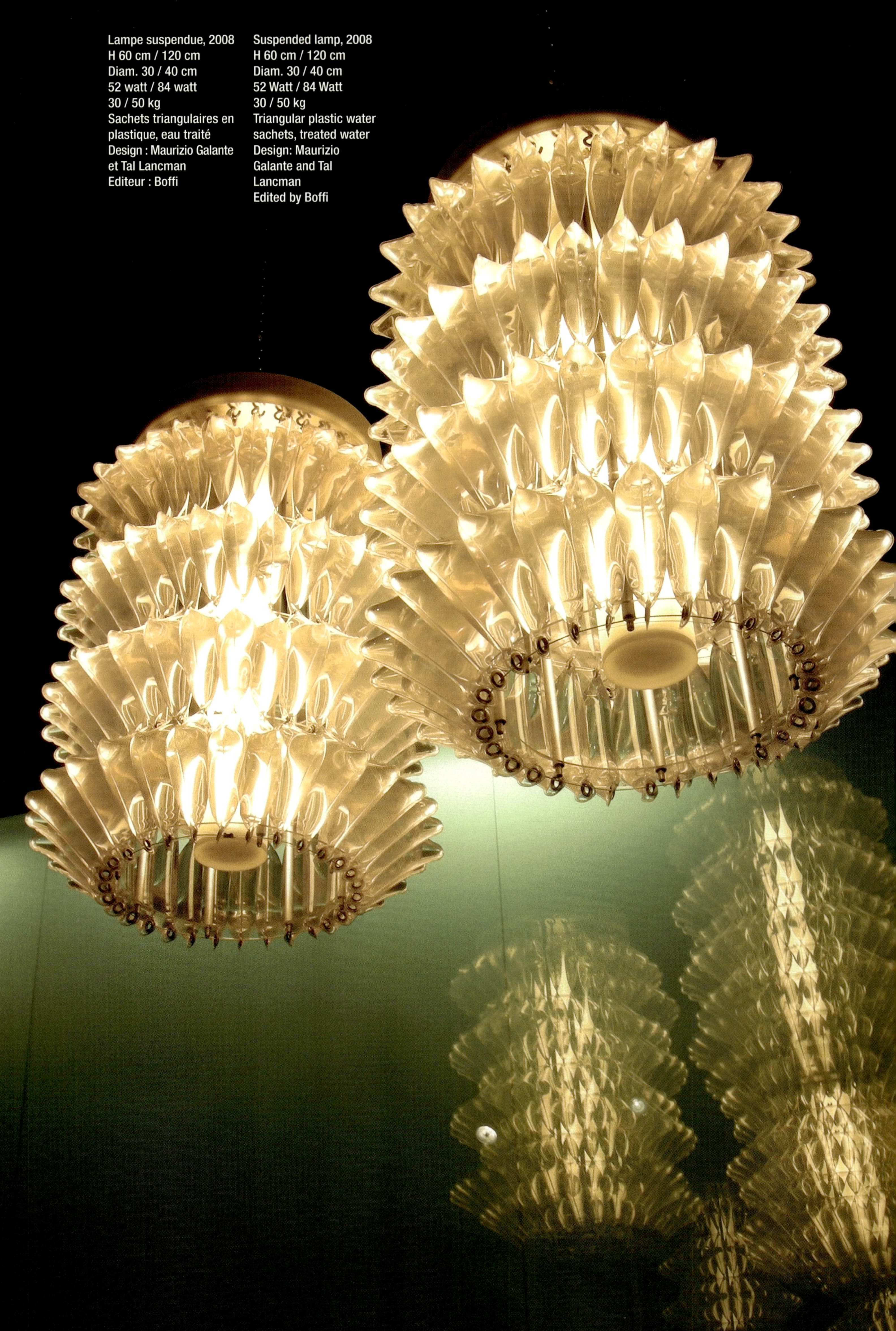

Lampe suspendue, 2008
H 60 cm / 120 cm
Diam. 30 / 40 cm
52 watt / 84 watt
30 / 50 kg
Sachets triangulaires en plastique, eau traité
Design : Maurizio Galante et Tal Lancman
Editeur : Boffi

Suspended lamp, 2008
H 60 cm / 120 cm
Diam. 30 / 40 cm
52 Watt / 84 Watt
30 / 50 kg
Triangular plastic water sachets, treated water
Design: Maurizio Galante and Tal Lancman
Edited by Boffi

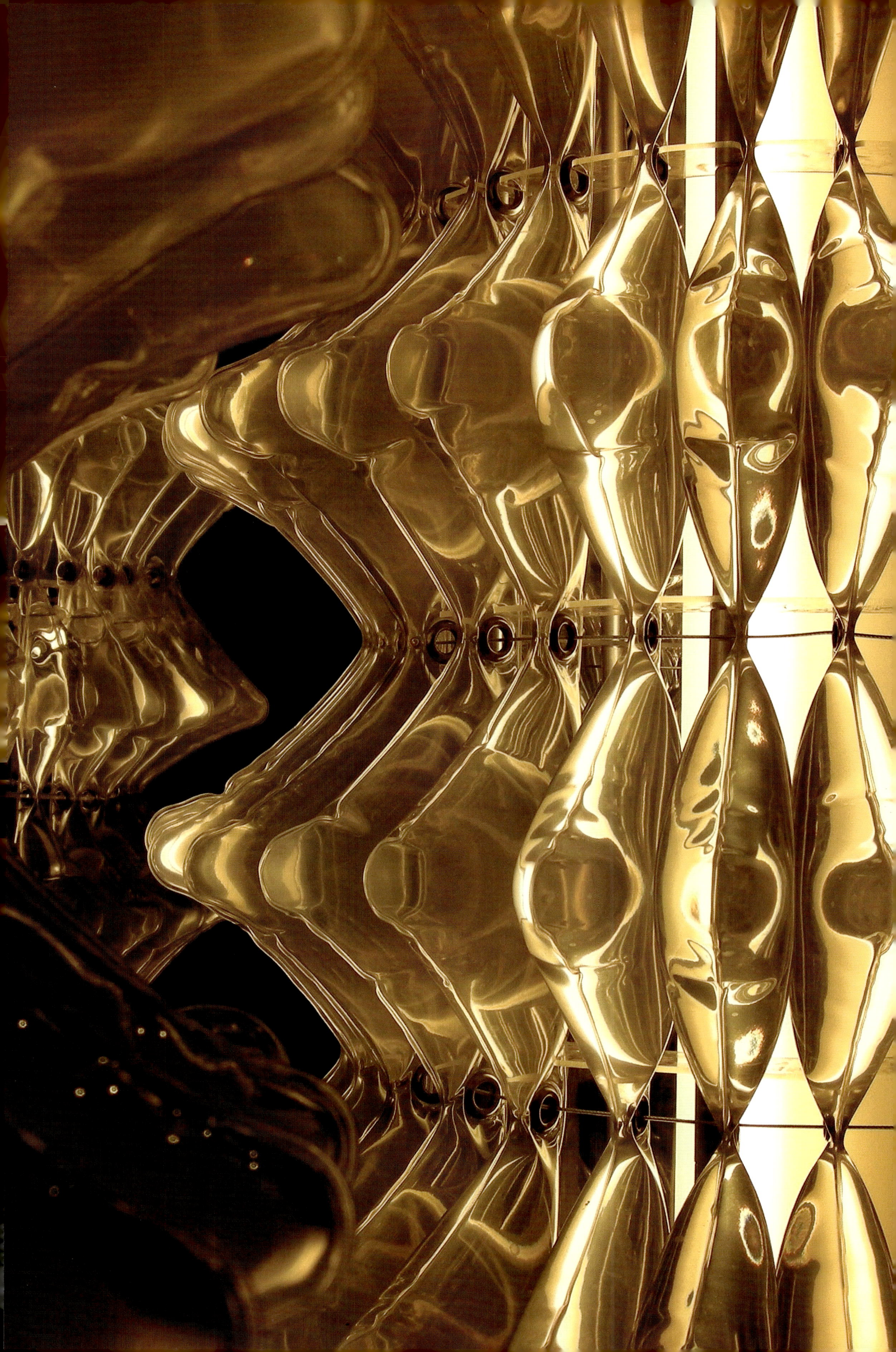

LA ROSERAIE DES JARDINS DE PAUL ET VIRGINIE

La Marre Jarry – Guyancourt (Saint Quentin en Yvelines)

Le cabinet parisien de paysagistes HYL redessine les jardins Paul et Virginie. Appuyé sur le paysage fantastique des pépinières Moser abandonnées depuis 25 ans, le parc profite des quelque 400 arbres épanouis : cèdres, chênes, sapins et autres plantes rares. Un canal, un arboretum et une roseraie contemporaine constituent les trois espaces marquants du jardin. Ils sont reliés entre eux par un chemin en serpentine qui contourne les bosquets de cèdres.

En coloriste, Maurizio Galante apporte sa poésie à la conception de la roseraie. Il imagine une promenade parfumée dans les couleurs. Ici fleurissent et s'épanouissent au fil des années des rosiers anciens, anglais, chinois, lianes.

Maîtrise d'œuvre : HYL, paysagiste mandataire, ESE, BET
Maîtrise d'ouvrage : EPA de Saint Quentin en Yvelines
Travaux : 2003-2004
Ouverture au public : 2005
Superficie totale : 45 ha
Consultant : Maurizio Galante, coloriste roseraie

The Paris office of the landscape architecture company HYL redesigns "Les Jardins Paul et Virginie". Based on the fantastic landscape of the Moser nursery that was abandoned for 25 years, the park boasts some 400 blossoming trees: cedar, oak and fir trees, as well as other rare plants. A canal, an arboretum, and a contemporary rose garden constitute the three prominent areas of the garden. They are interconnected by a serpentine path that bypasses the cedar woods.

As colour artist, Maurizio Galante brings his poetry to the concept of the rose garden. He imagines a perfumed promenade through the colours. Here old English and Chinese rose bushes and creepers flourish and wither with the passing years.

Project management: HYL, landscape architecture company, ESE, BET
Contracting management: EPA of Saint Quentin en Yvelines
Works: 2003-2004
Opening to the public: 2005
Total area: 45 Ha
Consultant: Maurizio Galante, rose garden colour artist

Plans originaux de la roseraie ordonnée en fonction des parfums et couleurs des espèces florales.

Original sketches of the rose garden ordered according to scents and color of the floral species.

Pages suivantes : montages originaux destinés à la classification et à la localisation des espèces florales.

Following pages: original sketches for the classification and localisation of the floral species.

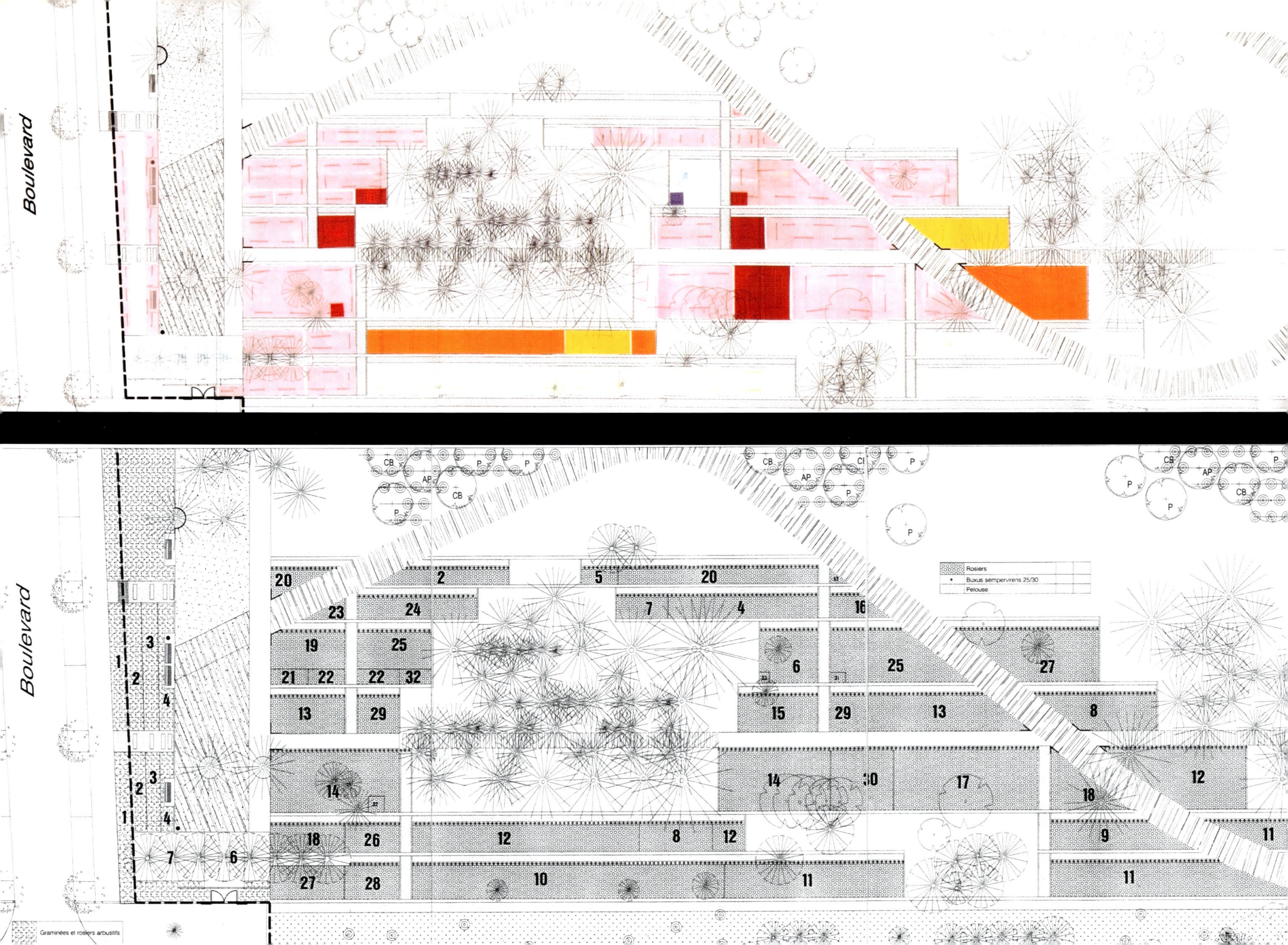

Boulevard
Graminées et rosiers arbustifs
Rosiers
Buxus sempervirens 25/30
Pelouse
Boulevard

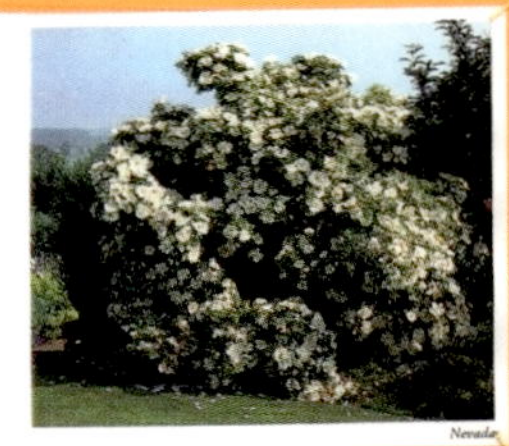

Nevada

'Nevada'

Hmoy. (Donnée comme issu de 'La Giralda' (Thé) x *R. moyesii* parents, mais cette filiation est peu probable). Obtenteur : Dot, 1927. Hauteur : 1,80 m. R.

Pr

Nul ne peut être insensible au charme de ses fleurs blanches, presque simples, très larges et un peu floues qui s'égrènent tout le long de grandes branches arquées. Car, si les roses sont belles, l'arbuste l'est plus encore avec son port ouvert et flexueux, son feuillage clair. Après la floraison printanière, il remonte de manière discontinue jusqu'en automne. Pour le voir donner le meilleur de lui-même, le mieux est de le tailler peu et de lui laisser suffisamment de place pour s'étaler. L'une des scènes les plus plaisantes à imaginer est un gros buisson de 'Nevada' posé au milieu d'un moelleux tapis de thym ou de *Stachys lanata*.

9

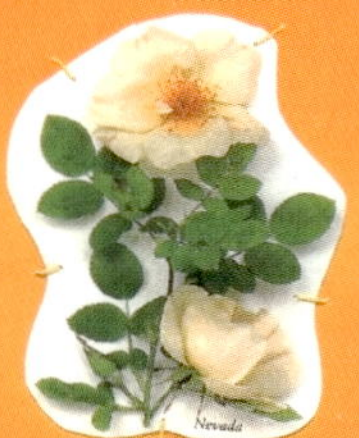
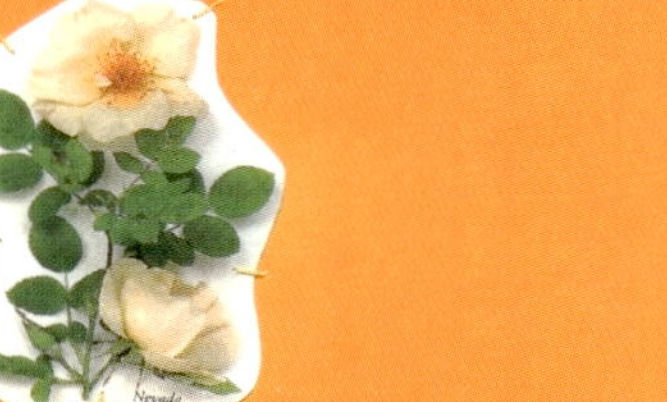

Nevada

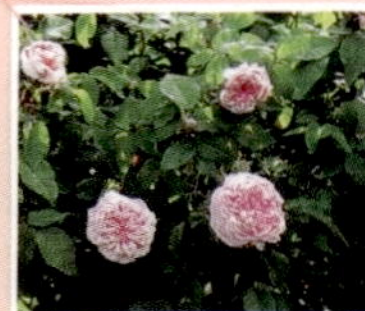

△ 'Jacques Cartier'

'Jacques Cartier'

Obtenteur : Moreau-Robert, 1868. Hauteur : 1 m à 1,20 m. R.

Pr

Dense, de croissance forte et assez rapide, l'arbuste porte, sur des branches raides aux pédoncules bien fermes, de jolies corolles très pleines, en rosettes plates et froncées ; sur leur pourtour, les pétales se retournent vers le réceptacle, leur conférant un aspect légèrement bombé. Elles ont une belle couleur rose pur qui pâlit à peine à la défloraison. Le feuillage sombre, avec des folioles très allongées et pointues, est abondant et sain. Pour peu qu'on enlève les fleurs fanées et qu'on prenne soin de nourrir et d'arroser le rosier, il refleurit tout au long de l'été, même en climat méditerranéen, où il ne semble pas incommodé par la chaleur. 'Jacques Cartier' est, sans doute, l'une des variétés les plus recommandables parmi les anciennes.

15

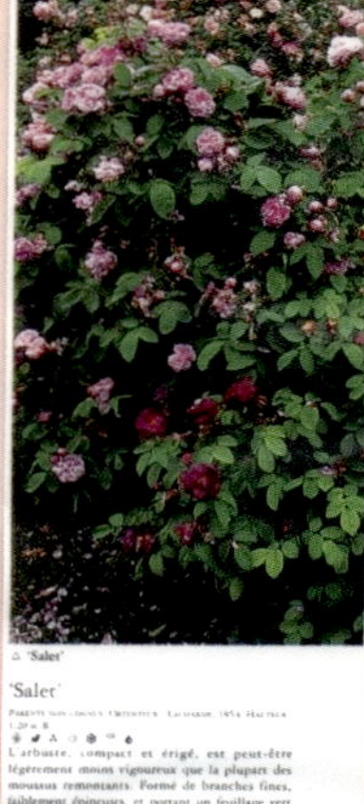
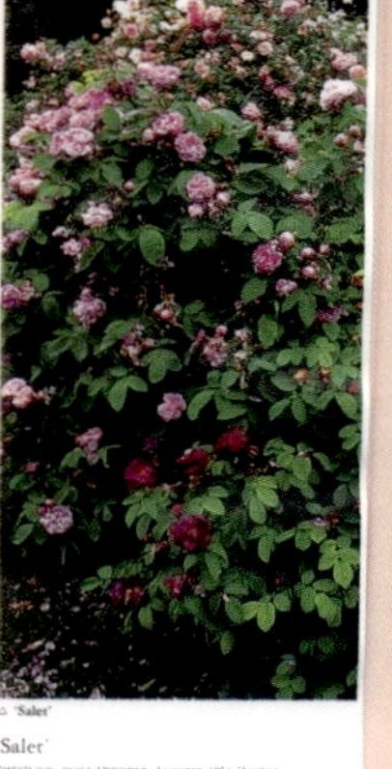

△ 'Salet'

'Salet'

Parents non connus. Obtenteur : Lacharme, 1854. Hauteur : 1,20 m. R.

L'arbuste, compact et érigé, est peut-être légèrement moins vigoureux que la plupart des moussus remontants. Formé de branches fines, faiblement épineuses, et portant un feuillage vert clair, il commence à fleurir de bonne heure. A condition que le sol soit riche et frais, il n'est jamais tout à fait dépourvu de fleurs pendant l'été. A l'automne, il offre une agréable remontée, surtout si l'on prend la peine d'enlever les fleurs fanées, d'apporter un peu d'engrais au cours de l'été et d'intensifier les arrosages pour l'aider. Rose pur, accompagnées de jolis boutons ovoïdes aux sépales feuillés et légèrement moussus, les fleurs sont de taille moyenne, plates et doubles, en quartiers un peu irréguliers. Elles sentent bon. Il faut les associer à quelques touffes de *Stachys macrantha*, rose foncé.

16

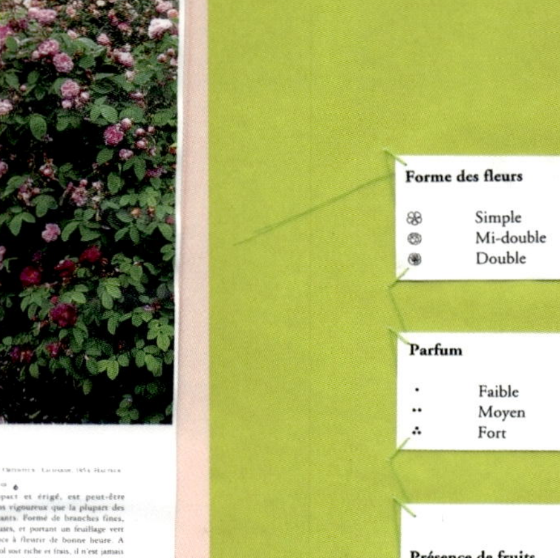

Forme des fleurs

- Simple
- Mi-double
- Double

Parfum

- Faible
- Moyen
- Fort

Présence de fruits

Feuillage d'automne décoratif

'Marguerite Hilling'

HMoy. Mutation de 'Nevada'. Obtenteur : Hilling, 1959. Hauteur : 1,80 m. LR.

Pr

Tous les superlatifs employés pour décrire 'Nevada' sont valables pour cette rose qui n'en est qu'une version un peu moins vigoureuse, d'un superbe rose soutenu et romantique, avec des reflets plus doux au centre.

▽ 'Marguerite Hilling'

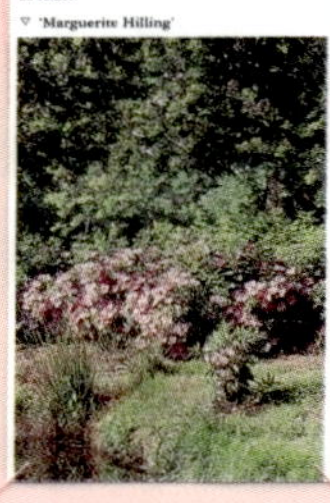

19

20

'Pierre de Ronsard'

Syn. : Meiviolin, 'Eden Rose'. Hg. (Issu de ('Danse des Sylphes' x 'Haendel') x 'Kalinka'). Obtenteur : Meilland, 1986. Hauteur : de 1,50 m à 2 m. LR.

Pr

Il eût été vraiment dommage qu'une si jolie variété finisse en fumée. Une rose opulente, aux formes pleines et rondes avec un teint de lait, relevé, à la lisière des pétales, d'un léger fard rose tendre. Le feuillage, sombre et cireux, est abondant et sain. Après une première vague très abondante, on assiste à des remontées légères et sporadiques en cours d'été. Vendu comme grimpant, sa petite taille incite plutôt à le mener comme arbuste dans un jardin romantique. Il n'aime pas beaucoup l'ombre et demande un sol très riche et bien arrosé.

N.B. Dans la firme Meilland, on raconte que ce rosier, sur le point d'être détruit, fut sauvé du feu par leur représentant allemand qui décida de le tester, puis de le multiplier. Ce rosier n'est pas à proprement parler une "Rose Anglaise", cependant il en a tous les caractères.

△ 'Pierre de Ronsard'

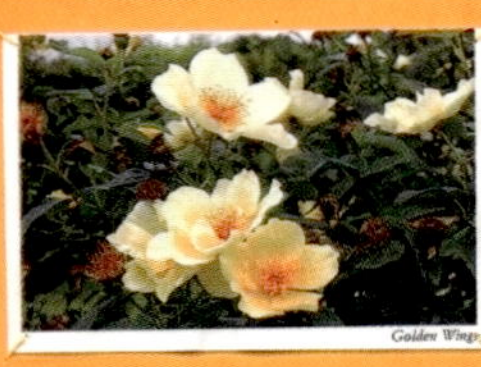

Golden Wings

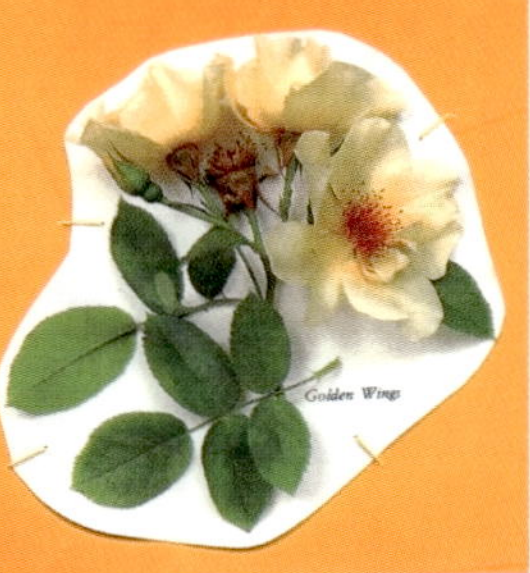

Golden Wings

'Golden Wings'

Hmoy. (Issu de 'Soeur Thérèse' x *R. spinosissima altaica* x 'Ormiston Roy')). Obtenteur : Shepherd, 1956. Hauteur : 1,80 m. TR.

Pr

Doucement parfumées, d'un riche jaune clair qui mettent en valeur de longues anthères orangées, de grandes églantines se renouvellent constamment sur un buisson ouvert, lâche, aux larges feuilles mates, vert moyen. Ce dernier pousse énergiquement et accepte la mi-ombre. C'est exposé à l'ouest, dans la lumière du soir, que sa teinte ressort le mieux. Il sera très bien associé à un arbuste aux feuilles marquées de jaune, comme celles de l'*Elaeagnus pungens* 'Maculata'.

10

11

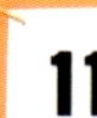

Frühlingsgold

'Frühlingsgold'

Hspin. (Issu de 'Joanna Hill' x *R. spinosissima altaica*). Obtenteur : Kordes, 1937. Hauteur : 2 m. NR.

Pr

Les années qui passent ne portent pas atteinte au prestige de cette magnifique création. Les fleurs sont presque simples, d'un superbe jaune clair, plus soutenu au centre, pour faire ressortir les belles étamines d'or. Elles sentent bon, fleurissent d'abondance et, précieuse qualité, de façon précoce. Le feuillage sombre habille un arbre élevé et épineux qui fait preuve d'une belle vitalité et d'une bonne résistance au froid et aux maladies.

'Bingo'

Syn. : Meipotal. Origines non communiquées. Obtenteur : Meilland, 1991. Hauteur : 0,80 m. TR.

Il a tout à fait la fraîcheur et le naturel d'un rosier sauvage. Au printemps, c'est une véritable cascade de petites églantines à peine parfumées, blanc rosé avec, sur l'avers, des veinules rose vif et, sur le revers, des traînées presque rouges, en harmonie avec la teinte gaie des minuscules boutons pointus. Elles ne s'ouvrent jamais complètement, se referment un peu le soir et renaissent constamment tout au long de l'été, même en climat chaud. Les branches, revêtues d'un feuillage sombre et très fin, s'enchevêtrent pour former une boule. C'est une variété pleine de santé et de vitalité qui ne craint pas le froid. Son allure tout à fait nouvelle et agréable en fera sans doute un favori du public. Il devrait se prêter au greffage en rosier pleureur. En buisson, sa floraison plutôt tardive se marie bien avec le bleu gentiane d'un *Ceratostigma willmottianum*.

N.B. Ce rosier ne doit pas être confondu avec une variété du même nom obtenue par Robichon en 1955 et à grandes fleurs rouges, très doubles.

▽ 'Bingo'

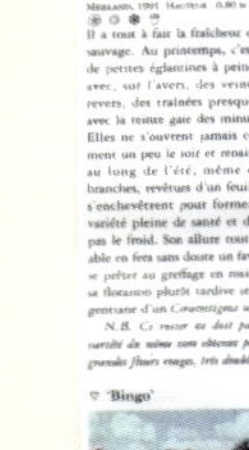
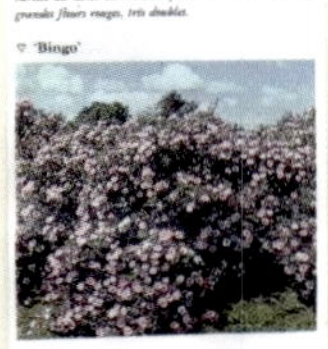

1

2

'Serpent Vert'

Syn. : Lenwiga, 'Green Snake'. Hwi. Obtenteur : Lens, 19[illegible] Hauteur et étalement : 0,20 m x 3 m à 4 m. NR.

Pr

Cette étonnante variété court sur le sol où elle marcotte pour former un tapis de feuilles brillantes qui empêche les mauvaises herbes de se développer. En fin de printemps, des églantines blanches aux étamines dorées viennent animer cette débauche de verdure. C'est le type même de couvre-sol que l'on peut tailler avec un marteau-broyeur.

▽ 'Serpent Vert'

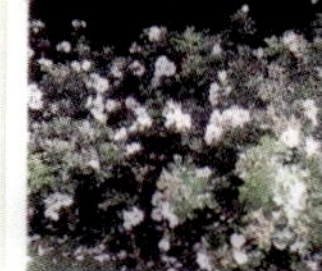

△ 'White Surprise'

'White Surprise'

HM. Origines non encore communiquées. Obtenteur : Lens, 1987. Hauteur : de 1,20 m à 1,50 m. R.

Cet arbuste compact et étalé s'enveloppe d'une épaisse frondaison, sombre et luisante, qui reste toujours verte. Pendant une bonne partie de l'été, il resplendit de bouquets de fleurs immaculées, agréablement parfumées, ouvertes bien à plat, dont le charme vient du diadème d'étamines dorées qui rehausse leur cœur. Sain et très rustique, il a sa place dans un jardin sauvage ou romantique.

3

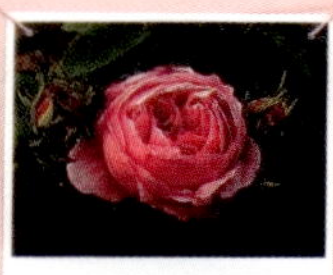

13

'Petite de Hollande'

Syn. : 'Junon de Hollande', 'Pompon des Dames', *R. centifolia* minima, 'Junon argentée', 'Petite Junon de Hollande'. Origines, parents et date d'introduction non connus, mais probablement très anciennes. Hauteur et étalement : 1,50 m x 1 m. NR.

Pr

Aujourd'hui, alors que les jardins sont de plus en plus petits, des variétés comme celle-ci sont très appréciables. La plante, compacte, touffue et ordonnée, donne de vraies miniatures odorantes réunies en nombreux bouquets. Les pétales du pourtour, un peu bouclés, rayonnent autour des pétales du cœur, repliés sur eux-mêmes comme pour former une petite couronne très serrée. La teinte est un joli rose doux, plus foncé au centre. Les boutons portent des sépales assez longs et joliment découpés. Le feuillage vert vif est sain.

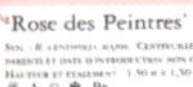

'Rose des Peintres'

Syn. : *R. centifolia major*, 'Centfeuilles des Peintres'. Origines, parents et date d'introduction non connus. Hauteur et étalement : 1,50 m x 1,50 m. NR.

Pr

C'est la rose si souvent représentée par les maîtres du XVIIIe siècle. Il arrive qu'on la confonde avec *R. x centifolia* décrite p. 28. Mais, outre une taille plus élevée, elle en diffère aussi par sa couleur plus vive et, surtout, par ses fleurs qui s'ouvrent largement et à plat. Elle peut réussir en sol pauvre, à condition d'avoir une exposition ensoleillée.

▽ 'Rose des Peintres'

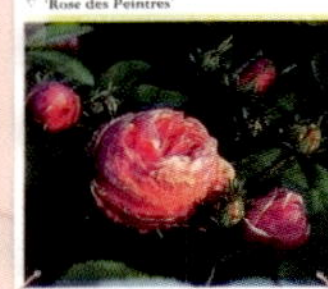

14

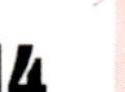

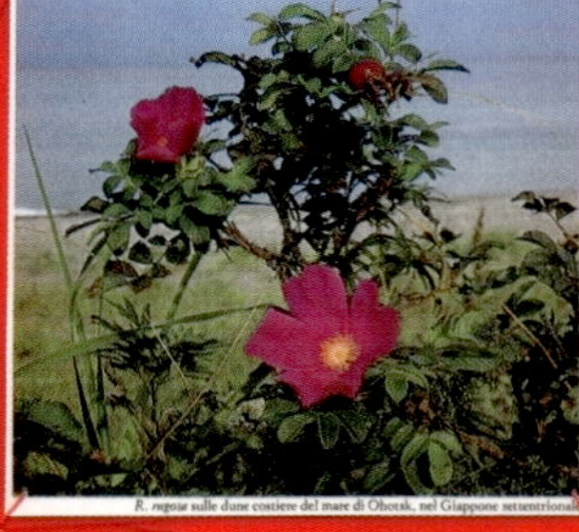

R. rugosa sulle dune costiere del mare di Ohotsk, nel Giappone settentrionale

R. rugosa rubra

Syn. : *R. rugosa typica* hort. Amélioration horticole de *R. rugosa* sans doute obtenue par sélection. En culture depuis 1796. Hauteur : 1,50 m. R.

Pr

C'est un rosier à fleurs simples, rouge violacé, dont les pétales un peu fripés ont la finesse des fleurs de cistes. Son feuillage gaufré et brillant est très résistant aux maladies. Une variété à cultiver sous les embruns salés et dans des sols légers et pauvres.

31

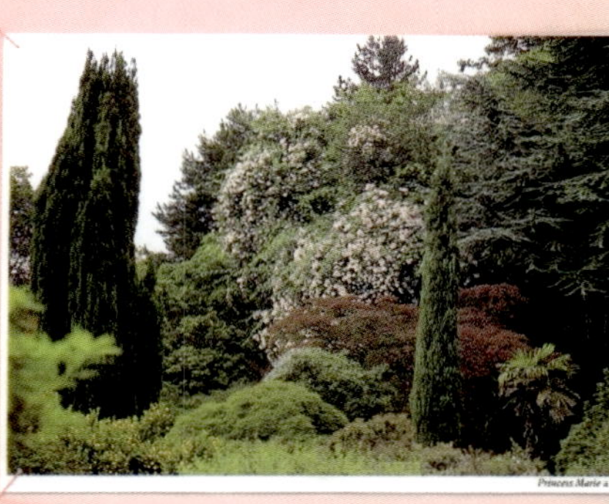

Princess Marie a N[illegible]

'Reine des Belges'

HBsp. Sans doute un hybride de Boursault et de *R. sempervirens*. Obtenteur : Jacques, 1831. Hauteur : de 4 m à 5 m. NR.

De petites coupes plates sont emplies d'une multitude de pétales blancs, plus rosés au cœur, surtout quand les fleurs sont fraîches. Elles sont encadrées de boutons lavés de rouge, et dégringolent en bouquets gracieux, au sein d'un élégant feuillage lisse et sombre, aux folioles allongées.

N.B. On donne parfois comme synonyme à ce rosier, 'Princesse Marie'. En fait, d'après des documents anciens, ce dernier serait rouge clair.

26

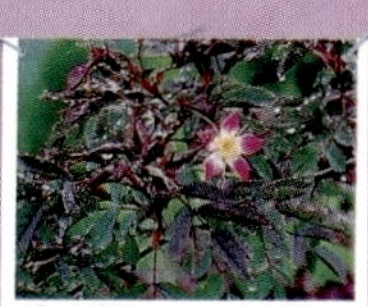

△ *R. rubrifolia*

R. rubrifolia

En culture depuis 1814. Hauteur et étalement : 2 m x 1,50 m. NR.

Pr

Bien que n'offrant que des groupes d'insignifiantes petites fleurs rose violacé, au centre blanc, cette belle espèce ne devrait manquer dans aucun jardin suffisamment grand pour l'accueillir, tant est originale sa frondaison aérienne au ton bleuté ombré de gris et de pourpre. Elle se marie à merveille avec celle des autres rosiers et se détache admirablement sur le fond vert sombre des ifs. On l'utilise beaucoup pour les bouquets. Au jardin, n'hésitez pas à placer non loin d'elle, une *Clematis montana* 'Tetrarose' : la couleur de ses fleurs et celle de son feuillage en veront comme un exubérant rappel.

N.B. Souvent présentée comme synonyme de R. glauca, elle en serait, selon C. Testut, une espèce distincte.

33

6

'Sir Cedric Morris'

Pr

Les fleurs simples, d'un blanc pur mettant en valeur les étamines dorées, se regroupent en corymbes larges et innombrables. Elles tiennent vraiment bon. L'arbuste se montre vigoureux et en bonne santé. Son feuillage, ample et glauque, légèrement violacé, est extrêmement agréable.

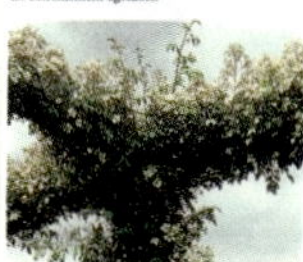

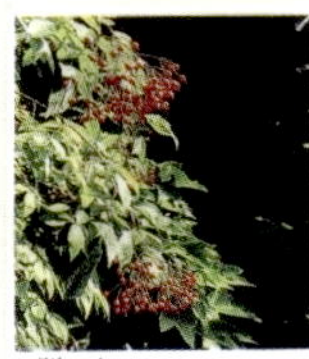

△ 'Kiftsgate'

'Kiftsgate'

Pr

L'arbuste, qui fait preuve d'une vigueur phénoménale, se couvre d'une superbe frondaison, dense et sombre. Il se prodigue en une avalanche de fleurs simples, blanc crème, aux étamines dorées; elles ont un parfum doux et remontent en grands corymbes denses, portés en bout de tiges latérales souples. Cette variété, qui s'accommode d'une situation ombragée et d'un sol détrempé, peut résoudre le problème de ceux qui désireraient habiller un vieil arbre, au bord de l'eau. Attention, il lui faut cependant beaucoup d'espace pour se développer librement.

7

22

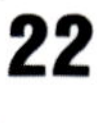

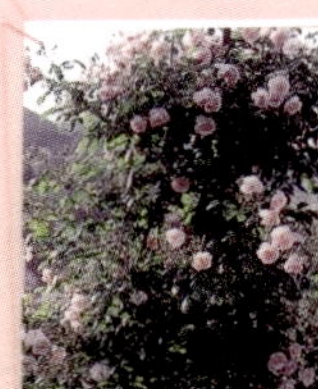

△ 'Sourire d'Orchidée'

'Sourire d'Orchidée'

Créé par un pépiniériste de Bourg Argental (qui n'a à son actif que de jolies roses), cette variété est sans doute l'une des plus remarquables de ces dernières années. C'est une profusion de grands bouquets lâches de fleurs délicates, presque simples, d'un blanc nacré avec d'imperceptibles reflets roses. Des petits boutons saumonés les accompagnent avec raffinement. Ces roses dégagent un frais parfum d'aubépine, l'odeur même du printemps. La plante, ouverte, souple et dense peut se palisser ou bien être conduite en arbuste. Le feuillage est solide et la croissance rapide. Après une prime florale estivale, la floraison remonte continuellement jusque tard en automne, tant dans le Midi qu'en région parisienne. Dans la roseraie de L'Haÿ-les-Roses, on a eu l'heureuse idée de greffer cette variété sur tige pour en faire un arbuste pleureur. Les fleurs rose tendre de 'Mme Caroline Testout' lui seront de bonnes compagnes. On aimerait que ce rosier, qui a collectionné les récompenses, soit universellement répandu.

R. canina

Syn. : *R. leucantha* Loiseleur, *R. pseudobracteata* Blocki, *R. sphaerica* Grenier, *R. surculosa* Woods, 'Briar Bush', 'Dog Rose', 'Rose des chiens'. Hauteur et étalement : 3 m x 3 m. NR.

Pr

C'est l'églantier si répandu en Europe et si joli avec ses délicates fleurs blanches ou rosées, à l'odeur fine, qui festonnent ses grandes tiges, d'abord dressées, mais finissant par s'arquer. Les fruits nombreux, ovoïdes, d'un beau rouge orangé brillant subsistent tard en hiver. Jugé trop commun ou un peu trop drageonnant on le voit rarement dans les jardins. Cependant, il faut y penser chaque fois que l'on crée l'une de ces haies champêtres, tant à la mode désormais, car ses fleurs, ses fruits, et surtout ses épines, y sont vraiment indispensables.

▽ *R. canina*

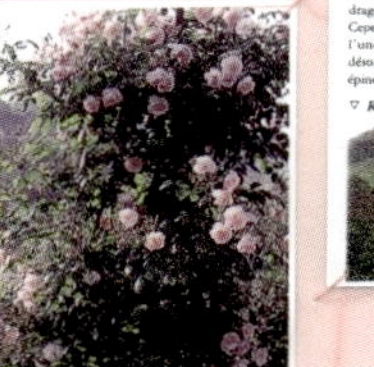

23

△ *R. pendulina*

R. pendulina

Syn. : *R. alpina* Linnaeus, *R. cinnamomea* Linnaeus, en partie, *R. glandulosa* Bellardi, 'Alpine Rose'. En culture depuis 1683, mais certainement connu depuis beaucoup plus longtemps. Hauteur : 1,00 m. NR.

Pr

Originaire des montagnes du centre de l'Europe, cette espèce reste prostrée dans son habitat alpin et n'y dépasse pas 50 cm. Cultivée en plaine, elle peut atteindre des dimensions beaucoup plus imposantes. Ses tiges vertes, teintées de pourpre du côté exposé au soleil, sont presque inermes et portent une ramure claire légèrement glanduleuse. En fin de printemps, paraissent, solitaires sur de courtes tiges, des églantines aux pétales larges et au pourtour un peu irrégulier. Elles se vêtent de rose et de blanc sur l'onglet. Mais ce sont avant tout les fruits que l'on apprécie dans cette espèce : orange, munis de leurs sépales, et très allongés, ils pendent agréablement au sein du feuillage dense. Une culture à mi-ombre est possible.

21

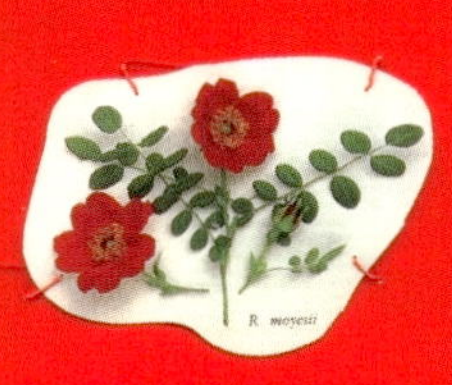

R. moyesii

R. moyesii Hemsley

Syn. : *R. macrophylla rubrostaminea* Vilmorin, *R. fargesii* Osborn non Boulanger. Introduit en 1894 et 1903. Hauteur : 3 m. NR.

Pr

Appréciant un sol calcaire et acceptant la mi-ombre, ce rosier croît avec énergie. Sa belle floraison, en larges églantines d'un rouge brillant, se produit en juin. Elle est bientôt suivie d'une fructification orange en forme d'amphore, vraiment décorative. Un feuillage fin, et un port ouvert et peu touffu, lui donnent une allure légère qui ressort élégamment au milieu de vivaces de hauteur moyenne. Le bleu du *Polemonium caeruleum* et le blanc de digitales immaculées contrasteront heureusement avec ses fleurs, le jaune des *Helianthus* avec ses fruits. Au devant de cette scène, une large touffe de *Bergenia*, par son aspect trapu, son feuillage large et coriace, fera un contrepoint à tous ces végétaux élevés et légers.

N.B. Cette espèce venue de Chine (Sichuan) a été introduite en Europe par les pépinières Veitch, à partir de graines expédiées par E. H. Wilson, un de leurs collecteurs, botaniste et auteur de plusieurs ouvrages sur la flore chinoise. Elle a été dédiée au R. P. J. Moyes. Des graines en auraient également été envoyées par le père Farges à M. de Vilmorin, qui avait réuni une collection de 367 rosiers botaniques dans son "Fruticetum de Barres" et publié diverses études les concernant.

▽ R. moyesii Hemsley

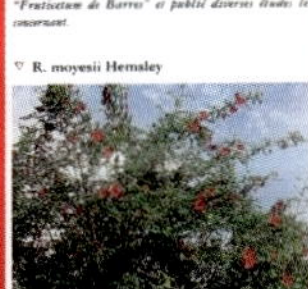

32

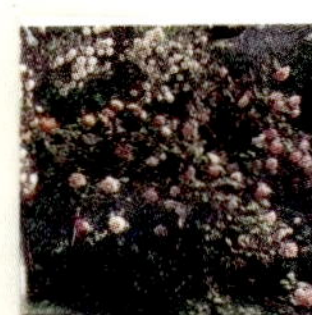

△ 'Félicité et Perpétue'

'Félicité et Perpétue'

Hsemp. Sans doute un hybride de *R. sempervirens* et d'un Noisette. Obtenteur : Jacques, 1827. Hauteur : de 3 m à 4 m. NR.

Pr

Adorablement parfumées, les fleurs moyennes, en coupes imbriquées, sont très doubles, d'un beau blanc de lait parfois légèrement rosé. De petits boutons pointus, léchés de rouge, font encore mieux ressortir leur blancheur. Elles sont produites à profusion par des sujets robustes. Ceux-ci, pleins de vitalité, arborent un beau feuillage vert foncé aux folioles allongées et lisses. Ils se cultivent facilement sur leurs propres racines et acceptent la mi-ombre tout autant qu'un sol humide. Un élagage léger leur suffit. Les fleurs résistent bien à la pluie.

N.B. Ce rosier, que l'on trouve parfois à tort dans les catalogues étrangers sous le nom de 'Félicité Perpétuelle', a été nommé par Jacques, en l'honneur de ses deux filles auxquelles il avait donné le nom de deux saintes qui avaient été martyrisées à Carthage.

4

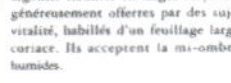

'Long John Silver'

Hset. (Issu d'un semis de *R. setigera* x 'Sunburst'). Obtenteur : Horvath, 1934. Hauteur : de 4 m à 5 m. NR.

Pr

Les fleurs, superbement parfumées, sont très grandes, doubles, en coupes creuses, d'un rare blanc argenté. Réunies en larges corymbes, elles sont généreusement offertes par des sujets pleins de vitalité, habillés d'un feuillage large, sombre et coriace. Ils acceptent la mi-ombre et les sols humides.

▽ 'Long John Silver'

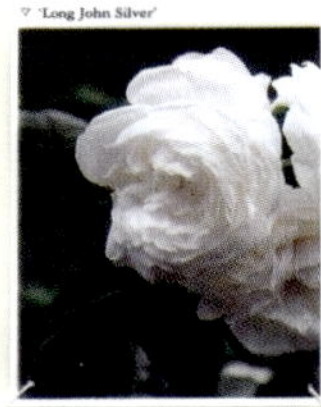

5

R. gallica 'Versicolor'

R. gallica versicolor Linnaeus

Syn. : 'Rosa mundi', *R. gallica* ..., *R. gallica variegata*, *R. mundi*. (Cette variété est une mutation de *R. gallica officinalis*.) Connue dès 1581. Hauteur : 1,50 m. NR.

Pr

Voici un très bel arbuste, proche, par le port et le feuillage, de *R. gallica officinalis* dont il est issu. Les fleurs sont rose carmin, brillantes, zébrées de rose clair. Lorsqu'elles vieillissent, elles se décolorent et pâlissent, donnant alors l'impression d'être rose tendre rayé d'un rose plus vif. Le parfum est aussi suave que celui du type vers lequel il lui arrive de retourner.

N.B. La légende veut que, pour le protéger de la jalousie d'Aliénor d'Aquitaine, Henri II d'Angleterre (1133-1189) ait fait enfermer sa favorite, Rosamonde Clifford, dans un labyrinthe du parc de Woodstock. Ayant découvert le pot aux roses, la souveraine donna à Rosamonde le choix entre le poignard et le poison. R. gallica versicolor est supposée avoir été plantée sur sa tombe où figurait l'inscription latine Hic jacet in tomba rosa mundi, non rosa munda. Ce qu'on peut traduire par : "Dans cette tombe repose la rose mondaine et non la rose pure."

30

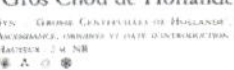

'Gros Chou de Hollande'

Syn. : 'Grosse Centfeuilles de Hollande', 'Constance'. Ascendance, origines et date d'introduction indéterminées. Hauteur : 2 m. NR.

Le nom de ce rosier évoque à merveille les lourdes corolles aux larges pétales concaves disposés en rosettes ; sa couleur est un rose pur ourlé de lilas, son parfum capiteux. Les plus grandes qualités de ce rosier résident dans sa force extrême et sa bonne résistance aux maladies. Une bonne variété à placer à l'arrière d'une plate-bande.

N.B. On ne trouve pas trace dans les documents anciens d'une rose de ce nom. Cependant, la 'Rose Chou' étant la 'Centfeuilles', on peut penser que, par assimilation, la 'Grosse Centfeuilles de Hollande' est devenue le 'Gros Chou de Hollande'.

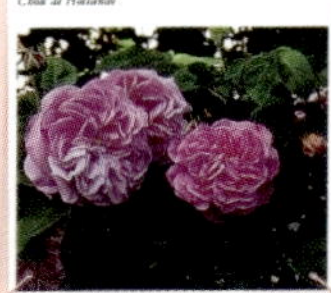

17

'Chapeau de Napoléon'

Syn. : *R. centifolia cristata*, *R. centifolia muscosa cristata*, 'Crested Moss', 'Crested Provence Rose'. Cette variété est probablement une mutation de *R. x centifolia*. Elle fut découverte en Suisse, cultivée et commercialisée par Vibert en 1827. Hauteur : 1,20 m. NR.

La mousse, bordant entièrement deux des sépales et un seul côté d'un troisième, est si développée et crépue qu'elle forme comme des cornettes, donnant au bouton cette allure de tricorne qui en fait le charme et l'originalité. Ouverte, la rose est également très belle, pleine, avec des pétales larges à la texture satinée, d'un beau rose vibrant, aux reflets d'argent. Elle sent aussi très bon. Comme *R. x centifolia*, le rosier a un port ouvert et souple, rendant utile l'emploi d'un tuteur.

N.B. Sur l'origine de ce rosier voici ce qu'écrivait Jacques, rosiériste, jardinier en chef du domaine royal de Neuilly : "On dit que ce joli rosier est originaire de la Suisse et qu'il a été trouvé par un botaniste sur une vieille tour. C'est, je crois, M. Prévost qui le premier l'a décrit dans son consciencieux catalogue de roses publié en 1829. Il est donc probable qu'il n'a été cultivé que vers 1827 ou 1828. C'est M. Vibert, cultivateur et zélé amateur à Saint-Denis, près de Paris, qui le premier l'a commercialisé." Ces informations sont complétées par Max Singer : "Selon M. Petrus Rosina, c'est M. Kirsch, habitant du canton de Fribourg, qui envoya cette belle Centfeuilles, en 1827, à M. Roblin, jardinier chef du Palais-Bourbon à Paris. Ce dernier en fit présent à MM. Vibert et Portemer."

▽ 'Chapeau de Napoléon'

18

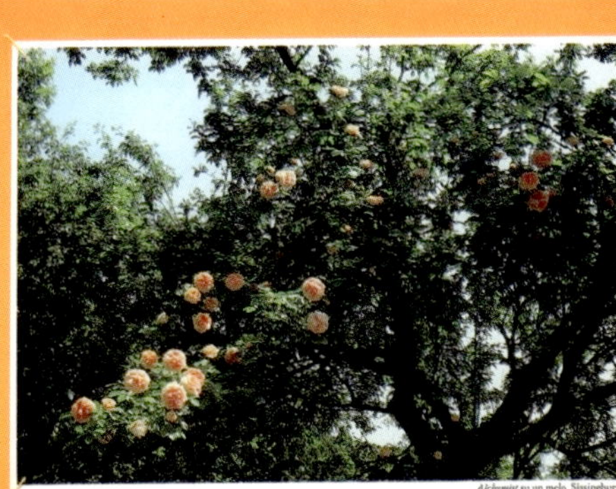

Alchymist su un melo, Sissinghurst Castle

'Alchymist'

Hwl. (Issu de 'Golden Glow' x Hybride de *R. eglanteria*). Obtenteur : Kordes, 1956. Hauteur et étalement : 3,50 m x 3,50 m. NR.

Pr

C'est un très agréable rosier aux fleurs odorantes, très doubles, pleines de petits pétales, plissés en rosettes jaunes réchauffées de reflets orange, plus soutenus au centre. Les feuilles lisses et vert bronze quand elles sont encore tendres, passent au vert moyen à maturité. La plante, qui peut tout aussi bien être conduite en arbuste, se révèle solide et vigoureuse.

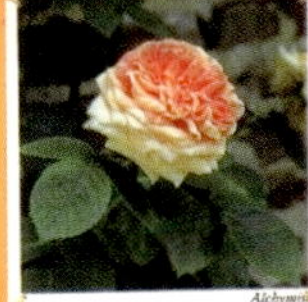

Alchymist

12

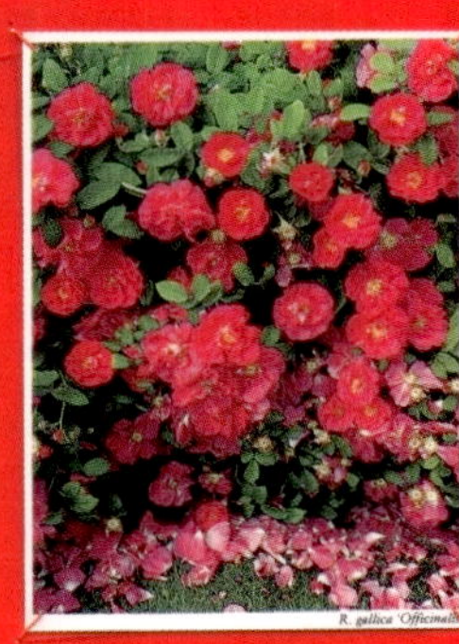

R. gallica 'Officinalis'

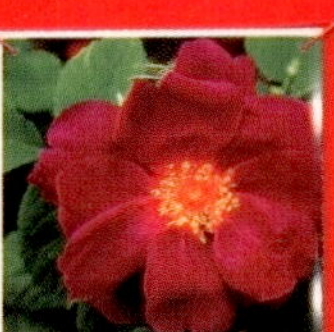

△ *R. gallica officinalis*

R. gallica officinalis

Syn. : *R. gallica maxima*, *R. provincialis*, 'Rose rouge de Lancastre', 'Apothecary's Rose'. Rapporté des croisades vers 1250, par Thibaud de Champagne. Hauteur et étalement : 1,50 m x 1 m. NR.

Pr

Le rosier de Provins originel, celui qu'utilisaient les apothicaires, est un bon rosier d'ornement. Il se couvre d'une multitude de fleurs d'un beau rouge clair lumineux. À peine doubles, celles-ci laissent briller en leur centre un bouquet d'étamines dorées. Elles sentent bon et conservent leur couleur et leur parfum très longtemps encore après avoir séché : une matière première idéale pour bouquets secs et pots-pourris. L'arbuste dressé est vêtu de pied en cap d'une frondaison vert foncé abondante et très saine.

N.B. La légende veut qu'au moment de son mariage avec Blanche d'Artois, Edmond de Lancastre ait mis dans ses armes la rose rouge de Provins. La famille de York, ayant pour emblème une rose blanche, la guerre civile qui opposa par la suite les deux clans prit le nom de "Guerre des Deux Roses".

29

ABANDONMENT

Festival international des Jardins de Chaumont-sur-Loire

Avec pour thème *Mauvaise herbe*, l'édition 2003 du Festival international des Jardins de Chaumont-sur-Loire proposait d'approfondir les effets botaniques et esthétiques d'une famille de plantes drôlement vigoureuses, non cultivées, charmantes ou tout à fait «canailles».

Maurizio Galante et Tal Lancman s'associent au projet du Harp group dans la réalisation de la parcelle intitulée *Abandonment*.
A première vue, il s'agit d'une ancienne prairie abandonnée et colonisée par des plantes sauvages. Tendus sur une élégante structure de cordes à linge, des vêtements comme oubliés s'alignent. Ces vêtements, naturellement teints, sont pensés pour être envahis de mauvaises herbes. A y regarder de plus près, certains d'entre eux cachent des sachets de graines et de bulbes, d'autres des accroches-broderies étudiés pour les grimpantes.
Une végétation spontanée occupe alors progressivement les déchirures, les ouvertures et crée un nouveau paysage.

Le Harp Group :
Cécile Daladier, artiste et créatrice de jardins naturels,
Maurizio Galante, couturier,
Tal Lancman, designer et prescripteur de tendance,
Hili Mann, artiste paysagiste et architecte de jardin,
Lauri Macmillan Johnson, professeur d'architecture paysagiste à l'Université d'Arizona,
Nicolas Soulier, architecte.

The 2003 International Garden Festival of Chaumont-sur-Loire was themed *Weeds*, and was aimed at furthering the botanical and aesthetic effects of a family of unusually vigorous, uncultivated, yet absolutely charming "rabble" plants.

Maurizio Galante and Tal Lancman created in collaboration with the Harp group a plot entitled *Abandonment*.
At first glance, it looks like an old abandoned field colonised by wild plants. Stretched on an elegant structure of laundry lines, apparently forgotten clothes are aligned. These naturally dyed clothes are designed to be taken over by weeds. On closer examination, some of them hide packets of seeds and bulbs, while others conceal embroidery hangers designed for climbers.
Spontaneous vegetation thus progressively occupies the splits and openings, and creates a new landscape.

The Harp Group:
Cécile Daladier, artist and creator of natural gardens,
Maurizio Galante, fashion designer,
Tal Lancman, designer and trend setter,
Hili Mann, artist landscape designer and garden architect,
Lauri Macmillan Johnson, landscape architecture professor at the University of Arizona,
Nicolas Soulier, architect.

« La plus tentante, c'est la mise en valeur esthétisante [des expériences] de toutes ces sauvageonnes. On les admire dans la parcelle *Abandonment* où de séduisantes « romanichelles » très colorées, dans un terrain abandonné, grimpent autour de magnifiques vêtements fantomatiques étendus sur une corde à linge. »
Anne-Marie Fèvre « Plus ivraie que nature » dans *Libération*, 23 mai 2003.

"The greatest temptation is the aesthetic development [of the experiences] of all these wildings. One can admire them in the plot *Abandonment*, where the very colourful seductive "gypsies" climb over magnificent clothes suspended like ghosts on a laundry line in an abandoned terrain."
Anne-Marie Fèvre, "More Weeds than Nature" in *Libération*, May 23rd, 2003.

Croquis originaux de l'installation végétale.

Original sketches of the vegetal installation.

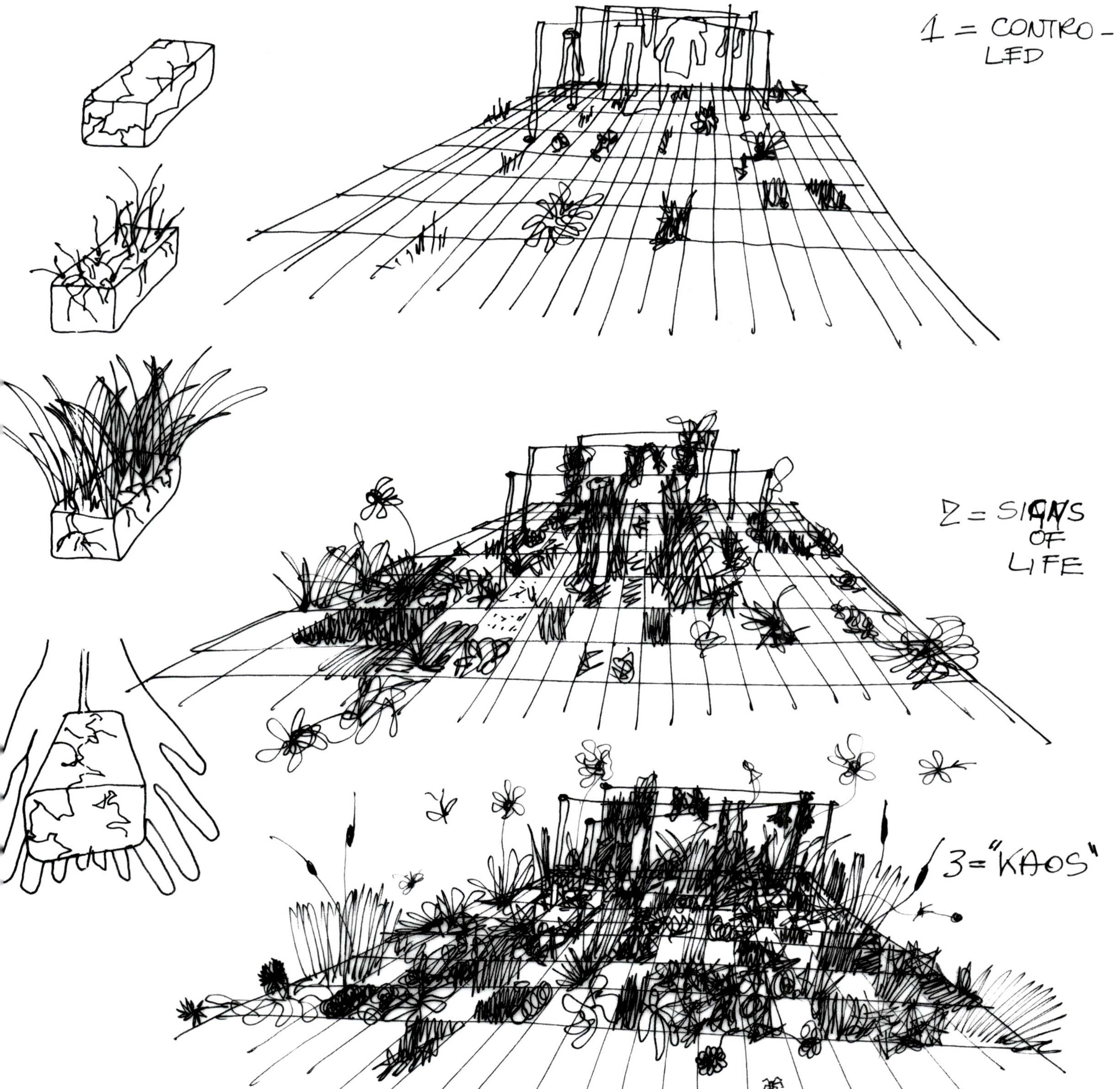

1 = CONTROLLED

2 = SIGNS OF LIFE

3 = "KAOS"

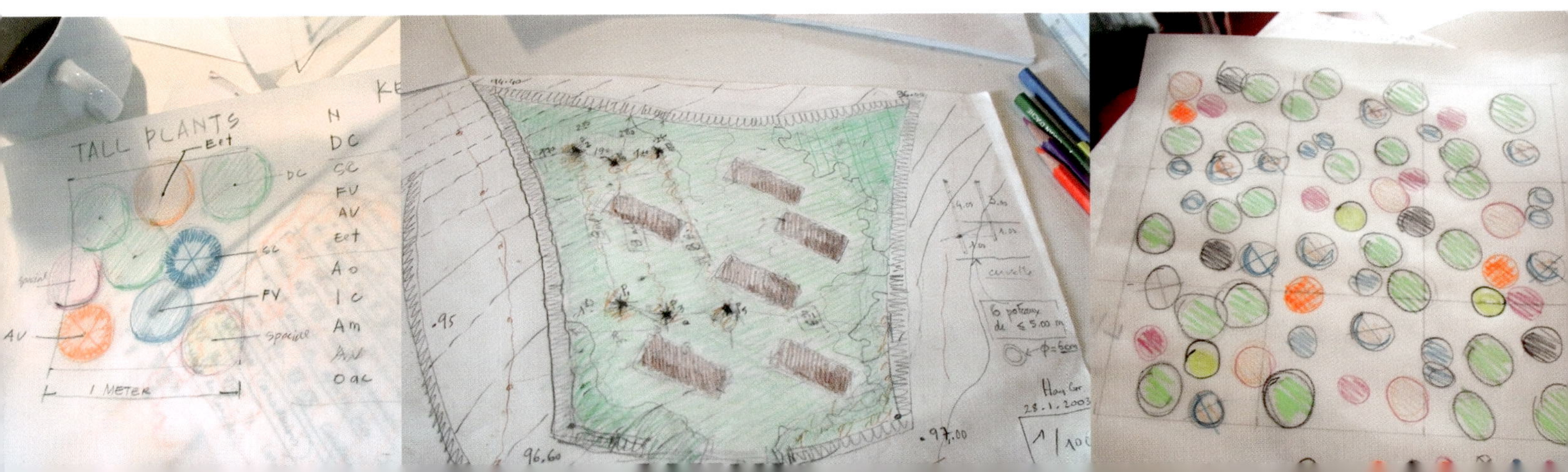

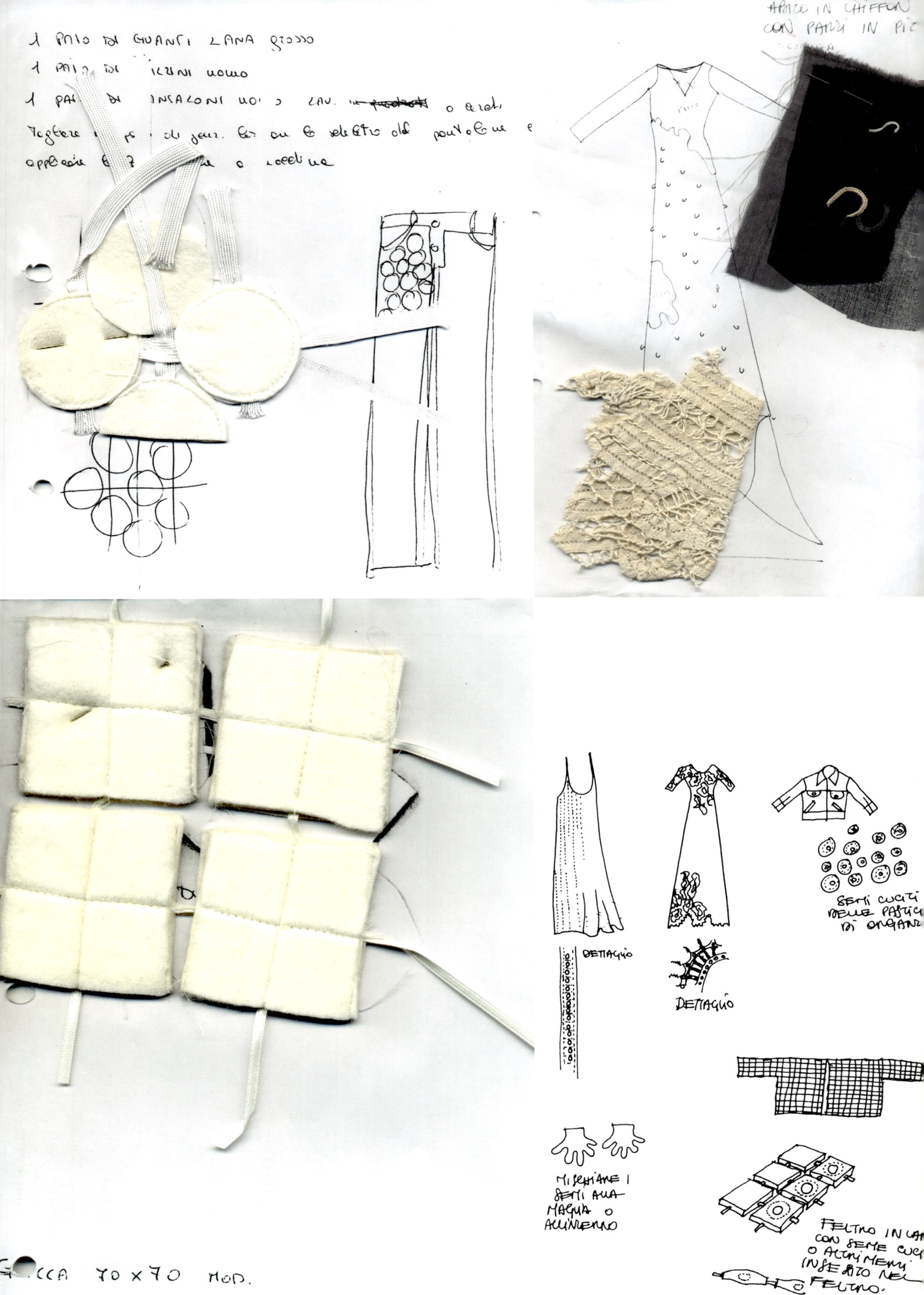

1 PAIO DI GUANTI LANA GROSSO
DETTAGLIO
DETTAGLIO
70 x 70 MOD.
POESIA

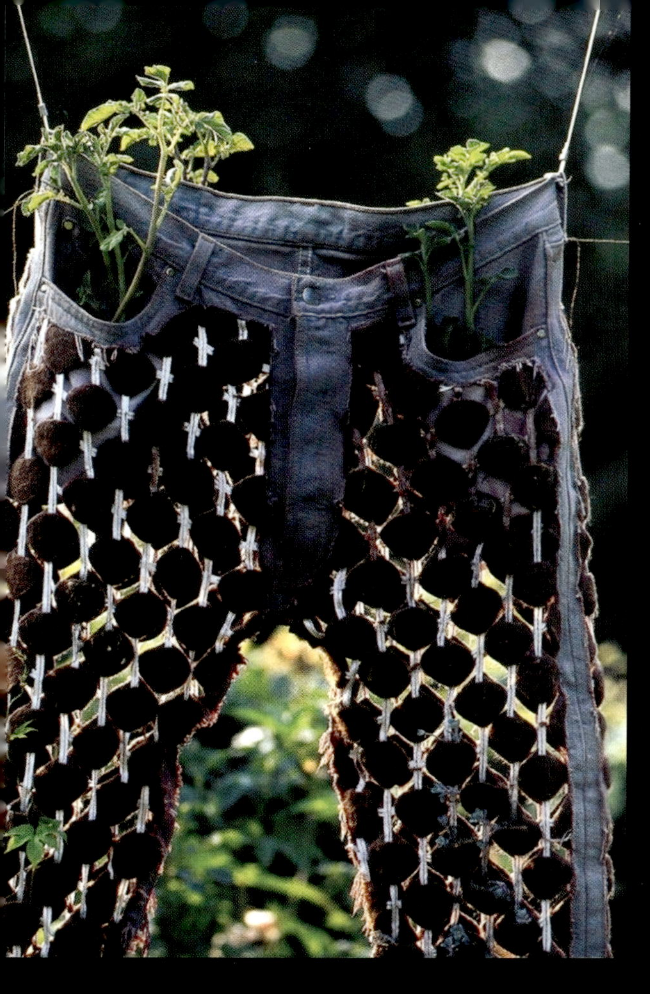

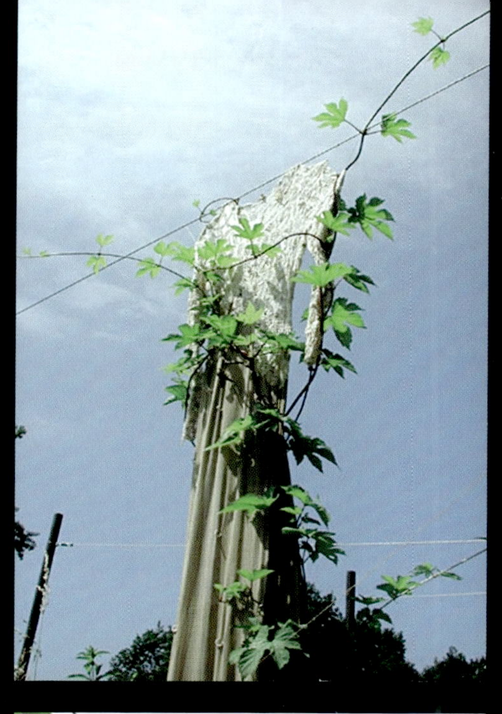

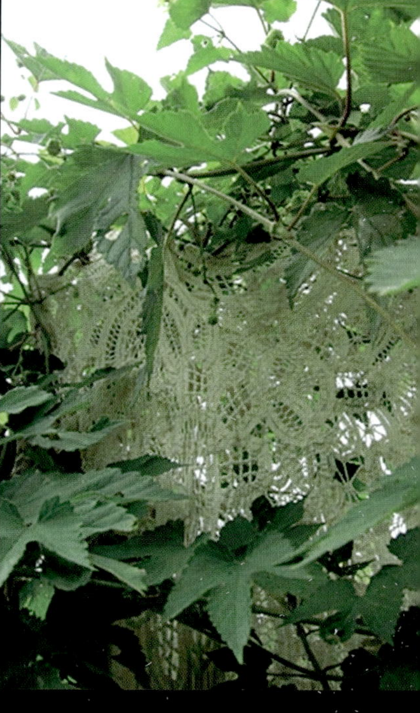

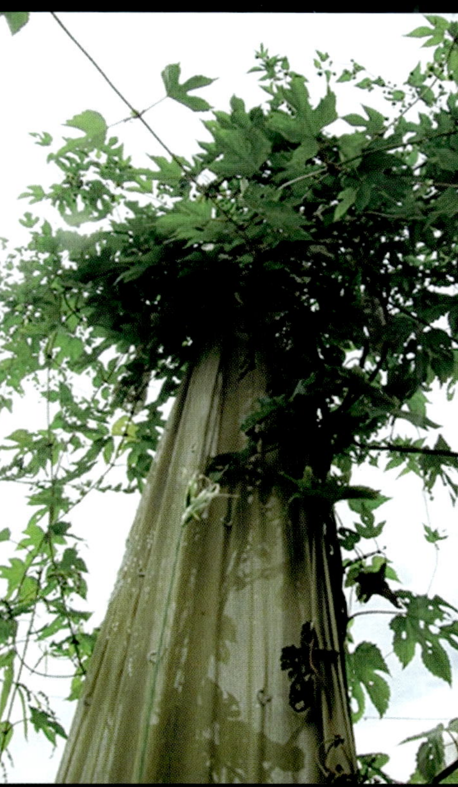

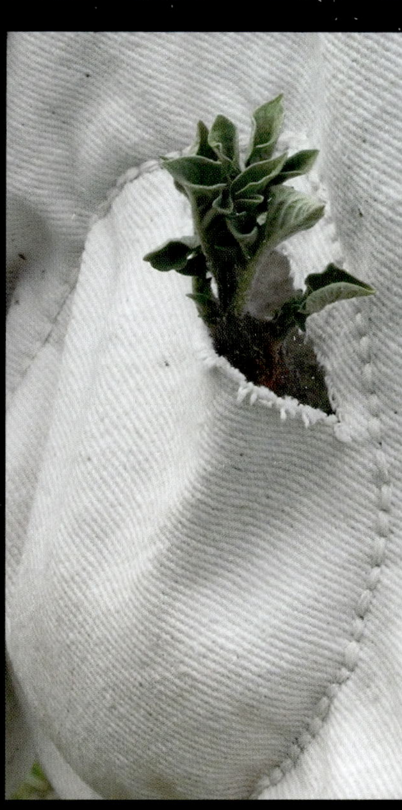

Croquis originaux des pièces vestimentaires. Photographies de l'installation.

Original sketches of the pieces of clothes. Photographs of the installation.

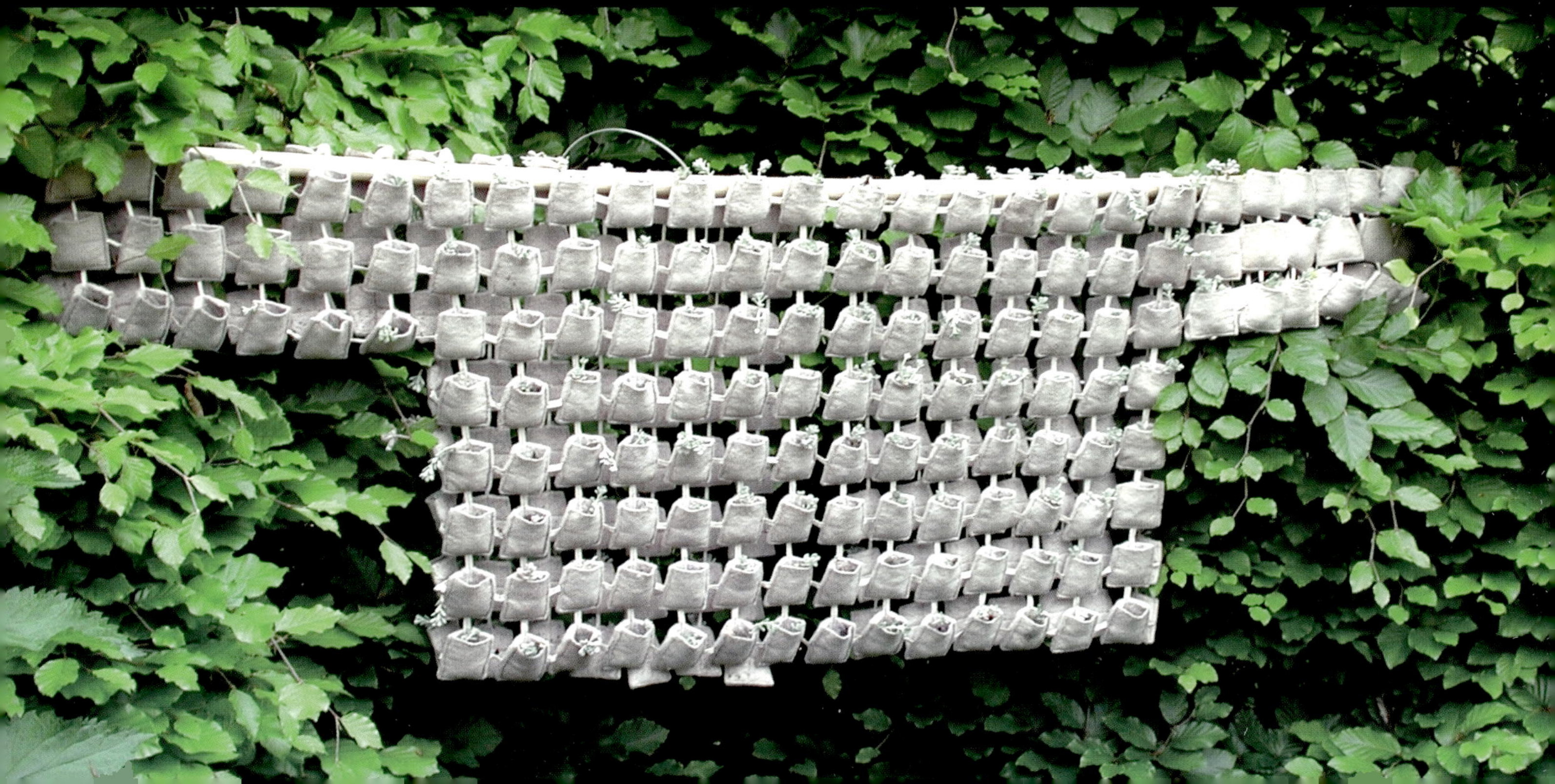

GALANTERIE ECHELLE 1/5

32

Maurizio Galante présente ses collections au calendrier officiel parisien de la haute couture depuis 1994. Il a choisi de présenter sa collection haute couture été 2004 à la Fondation Cartier pour l'Art contemporain dans le cadre des *Soirées Nomades*, rendez-vous consacrés aux arts de la scène. La collection a aussi été présentée à la Pitti Immagine à Florence ainsi qu'au MUDAM à Luxembourg.

Intitulé *Galanterie Echelle 1/5,* ce défilé-événement s'inspire d'une coutume du XVIIIe siècle où les créateurs façonnaient à échelle réduite des modèles de robe sur des mannequins miniatures. Ces créations étaient ensuite envoyées aux clientes, leur permettant d'apprécier les modèles et de faire une sélection. Les illustrations de l'époque montrent des femmes passionnées de mode, réunies autour de ces modèles et appréciant ces miniatures au rendu parfait. De la même façon, dans les années cinquante, les clientes étaient invitées dans l'atelier du créateur afin de choisir des pièces à partir de dessins. A l'issue de l'une des quatre représentations données le lundi 19 juillet 2004, les clientes pouvaient commander des pièces réalisées à échelle réelle.

Maurizio Galante has presented his collections in the official Paris haute couture calendar since 1994. He chose to present his summer 2004 haute couture collection at the Fondation Cartier pour l'art contemporain as part of the *Soirées Nomades,* a venue dedicated to the performing arts. The collection was also presented at Pitti Immagine in Florence as well as at the MUDAM in Luxembourg.

Entitled *Galanterie Echelle 1/5,* this fashion show-event is inspired by an 18th century custom whereby designers fashioned small-scale dress models on miniature mannequins. These designs were then sent to clients, allowing them to assess the models and make a selection. Illustrations of the period portray female fashion lovers gathered around these models and appreciating these perfectly rendered miniatures. Similarly, in the 50's, clients were invited to the designer's studio to select designs from drawings. At the end of one of the four performances held on Monday July 19th, 2004, clients could order the pieces rendered to scale.

« Les spectateurs étaient captés par la magie. Il y avait un fort effet de surprise que ce soit du milieu de la mode ou du public habitué aux soirées nomades. Personne ne s'attendait à voir cela. Tous avaient le souffle coupé, moi la première… »
Isabelle Gaudefroye, programmatrice des *Soirées nomades.*

"The spectators were captivated by the magic. It had a strong element of surprise both for the fashion world and the public audience of the *Soirées Nomades.* Nobody expected to see that. Everybody gasped, I was the first …"
Isabelle Gaudefroy, Program Director for *Soirées Nomades.*

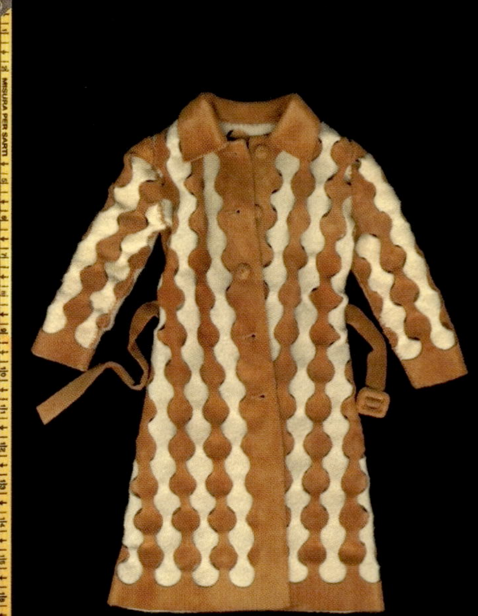

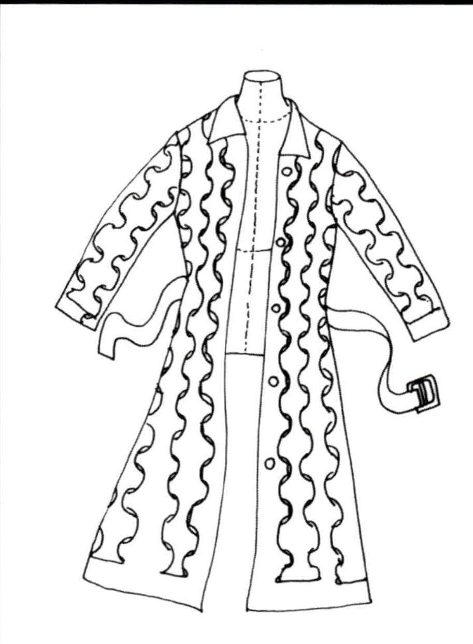

Imperméable miniature à l'échelle 1/5 haute couture été 2004, croquis.
Page de droite : patron.

Miniature raincoat scale 1:5 haute couture summer 2004 and sketch.
Right page: original pattern.

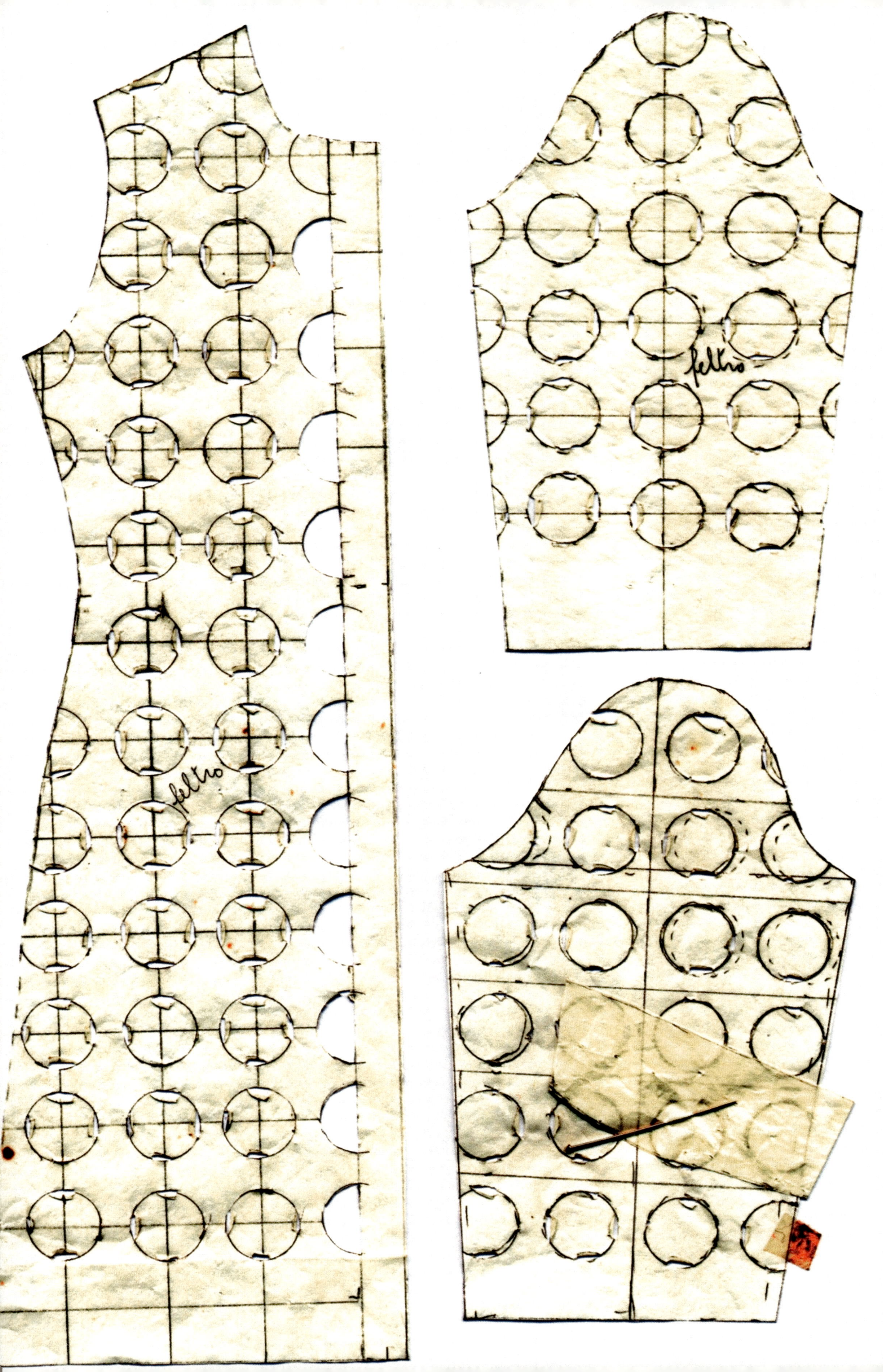
feltro
feltro

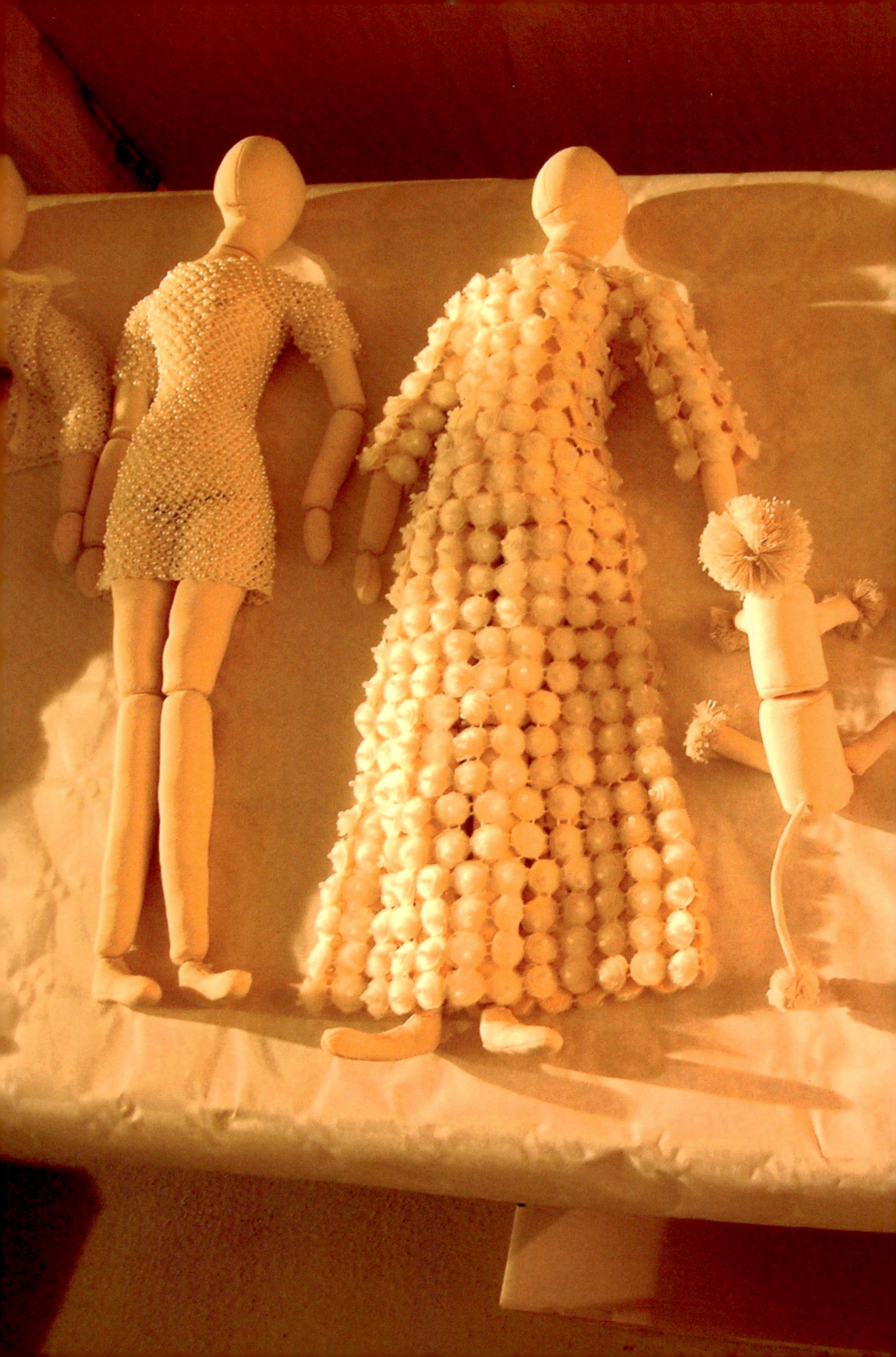

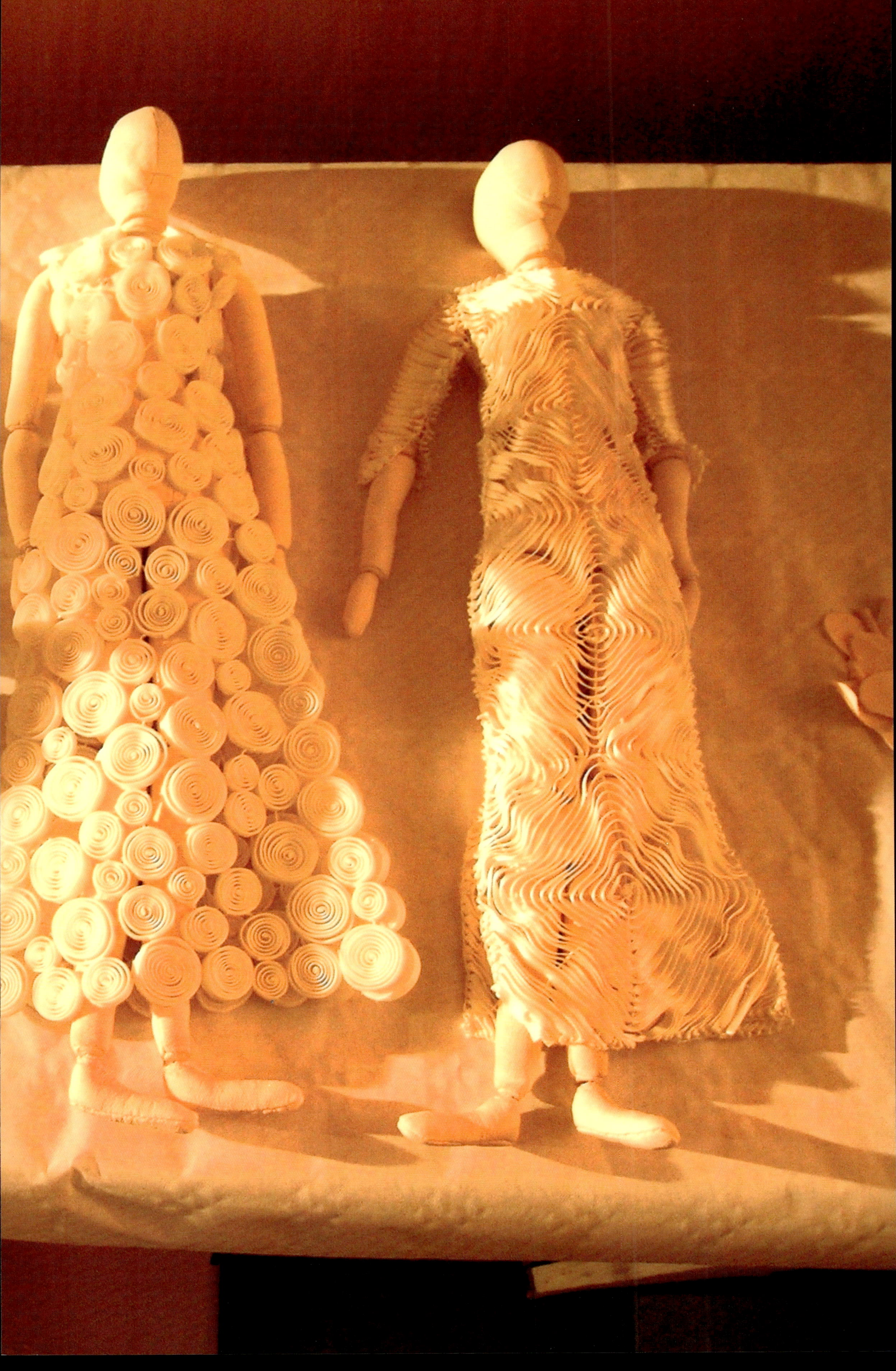

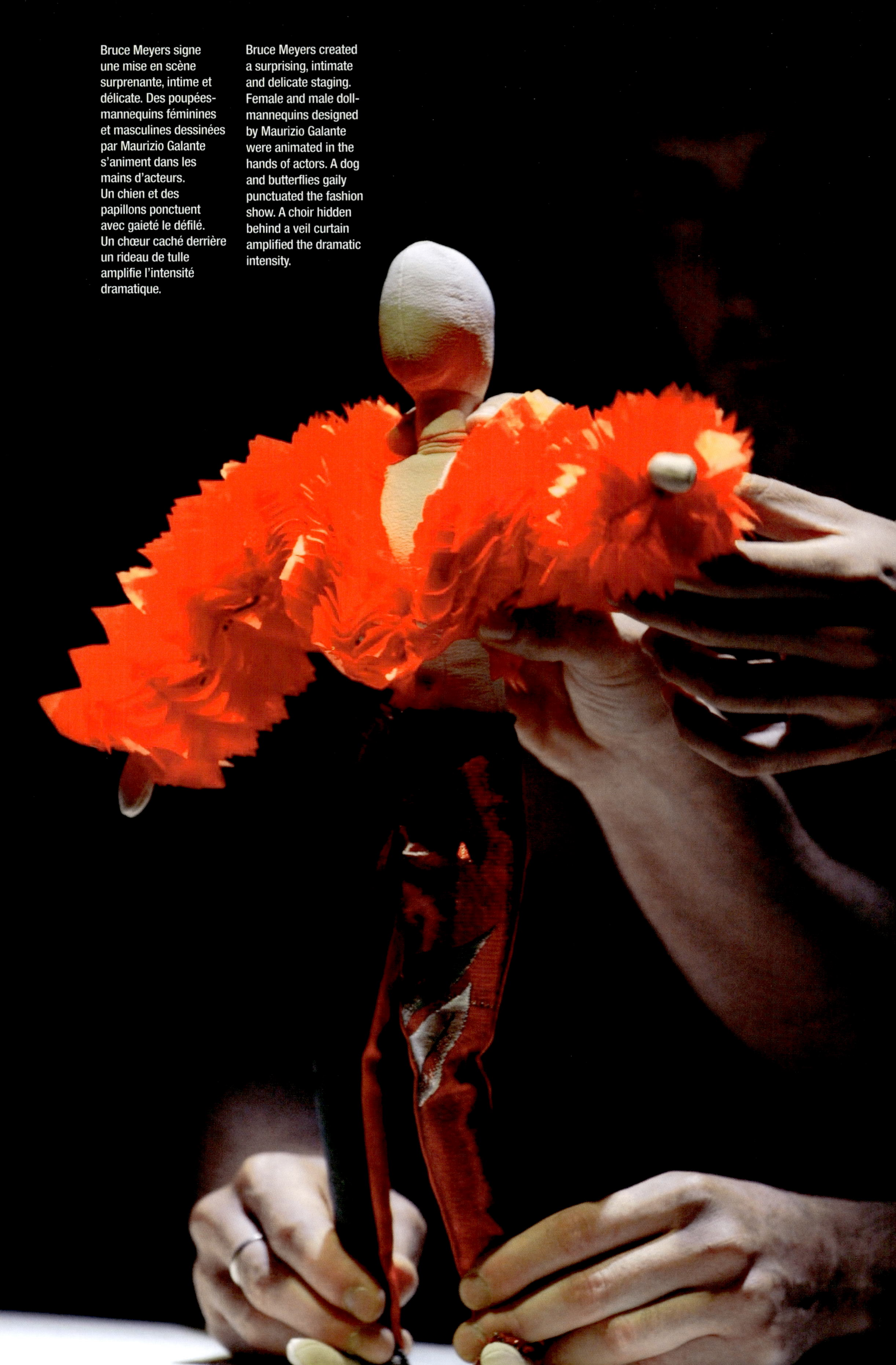

Bruce Meyers signe une mise en scène surprenante, intime et délicate. Des poupées-mannequins féminines et masculines dessinées par Maurizio Galante s'animent dans les mains d'acteurs. Un chien et des papillons ponctuent avec gaieté le défilé. Un chœur caché derrière un rideau de tulle amplifie l'intensité dramatique.

Bruce Meyers created a surprising, intimate and delicate staging. Female and male doll-mannequins designed by Maurizio Galante were animated in the hands of actors. A dog and butterflies gaily punctuated the fashion show. A choir hidden behind a veil curtain amplified the dramatic intensity.

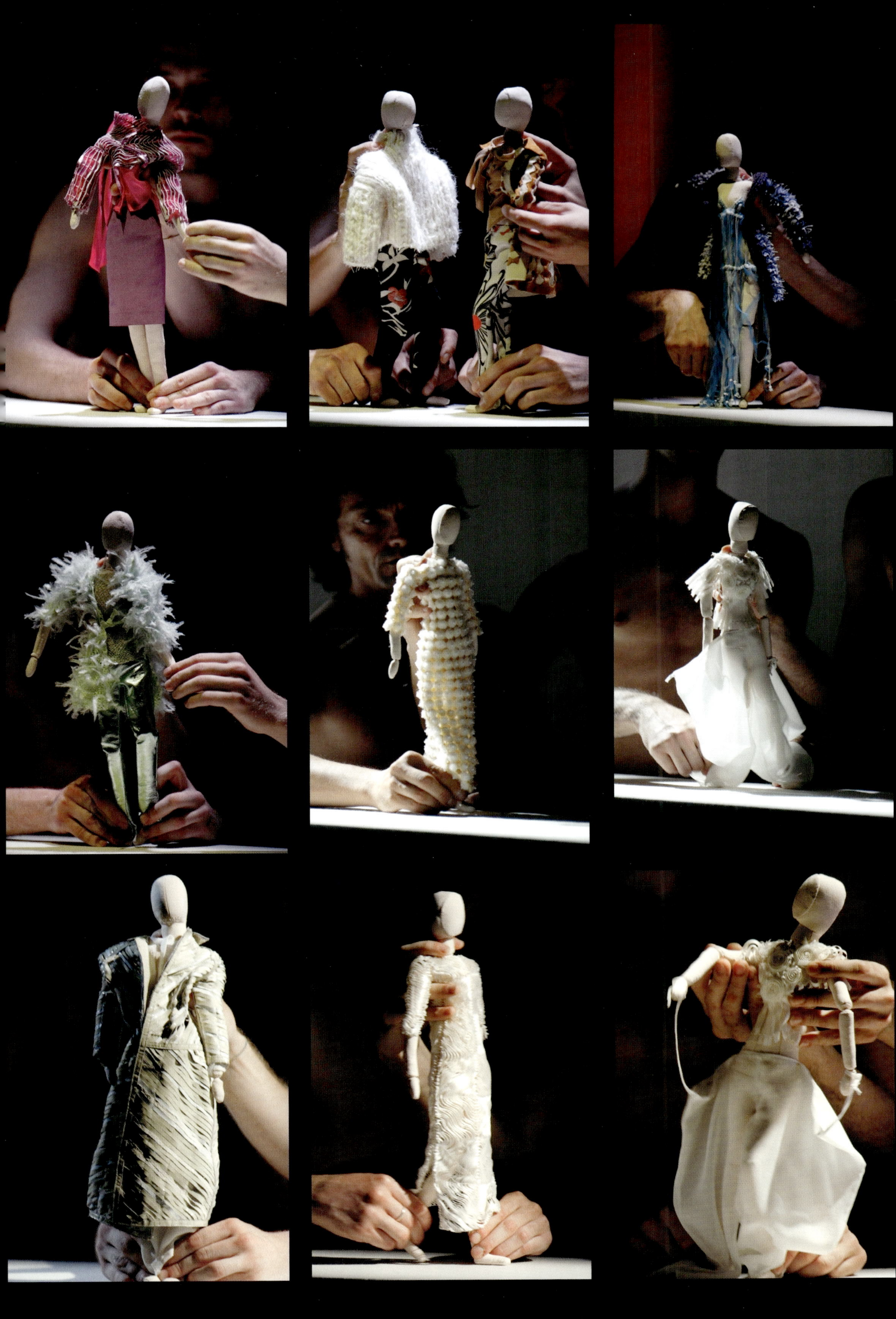

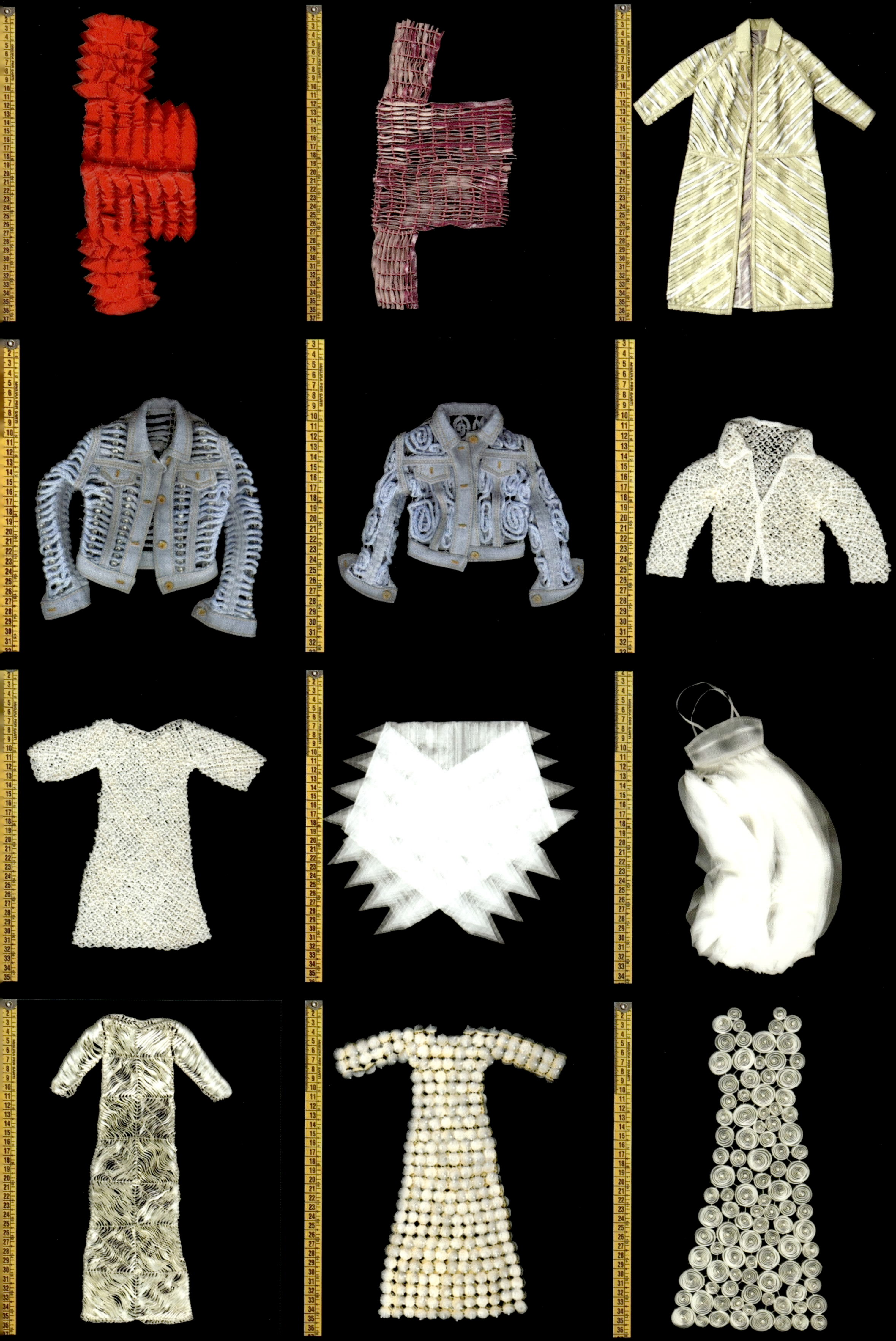

« Il est essentiel de rapporter l'infiniment petit à l'infiniment grand. On ne se sert pas du petit comme d'un modèle qui deviendrait grand juste par le biais d'une simple translation. Pour moi, le petit et le grand existent à part entière et l'essentiel consiste dans le souci du détail que l'on se doit d'apporter à l'un comme à l'autre. Peu importe l'échelle, l'exigence reste la même. »
Jean-Michel Wilmotte, extrait portfolio Echelle 1/5.

"It is essential to bring together the infinitely small and the infinitely vast. One does not make use of things small as a model which will then become large just by an act of simple transformation. For me the great and the small exist entirely separately, and the essential thing is the attention to detail which one has to bring to each of them individually. The scale scarcely matters, but the obligation remains the same."
Jean-Michel Wilmotte, Portfolio extract scale 1:5.

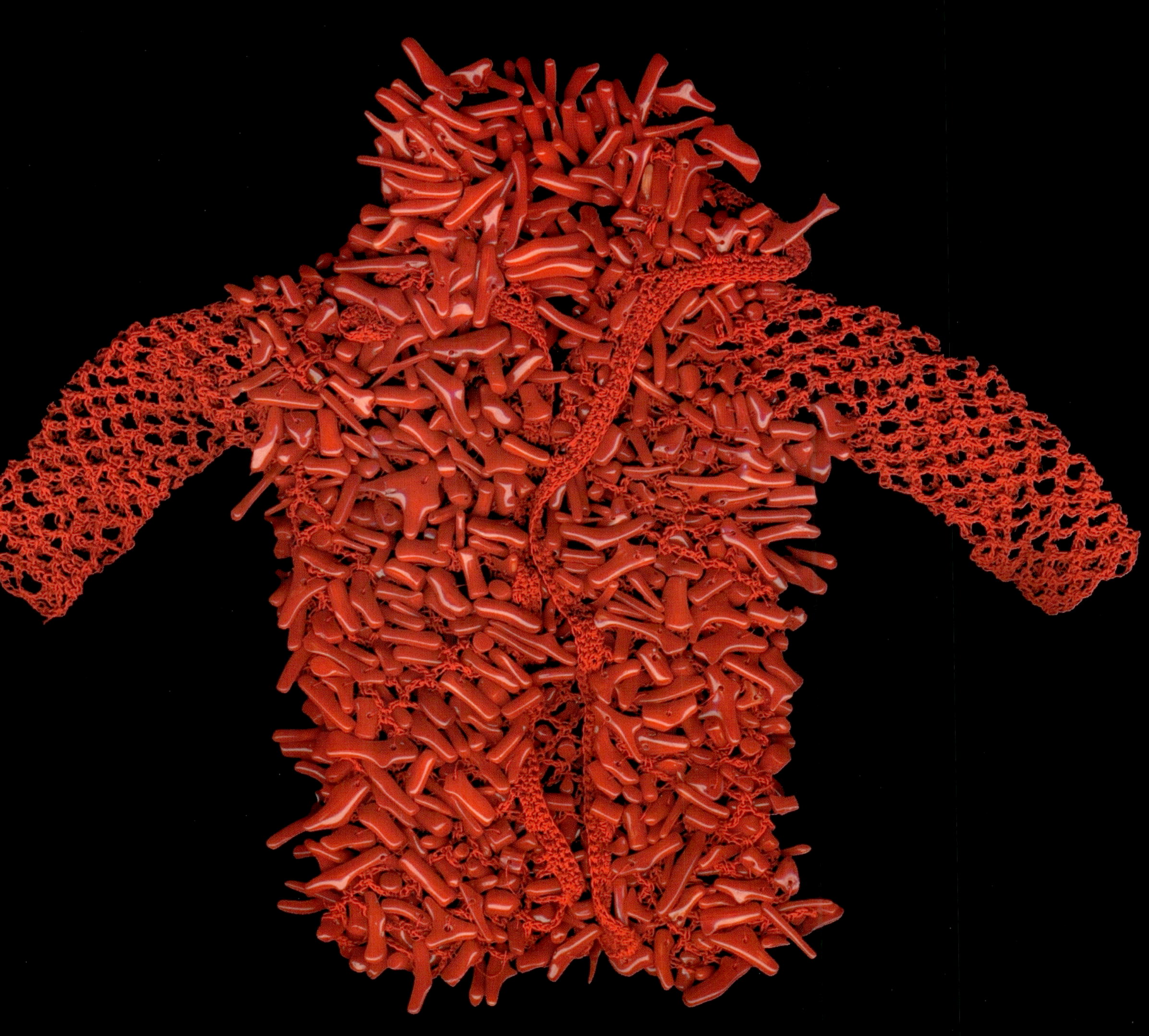

Portfolio Maurizio GALANTE Echelle 1/5
Texte de J.M. Wilmotte
N°32 de la collection *Témoignages* contenant 15 photographies originales
30 exemplaires
Ed. Chez Higgins.

Portfolio Maurizio GALANTE Echelle 1/5
Text by J.M. Wilmotte
Issue 32 *Témoignages* collection
Containing 15 original photographs
30 copies
Ed. Chez Higgins.

Fauteuil recouvert de tissu technique brodé à la main de tubes de verre et de perles afin de former un contour coloré vibrant, un halo de lumière : une aura. Cette prégnance auratique est tant optique (la lumière diffracte les contours) qu'haptique (les doigts s'amusent de ces doux piquants). Ce fauteuil à la forte présence est un véritable « objet de plaisir ».
Aura est conçu sur la base des fauteuils à dossier flexible Caprichair de Hannes Wettstein édités par Cerruti Baleri. Ce fauteuil couture est disponible dans quatre couleurs : blanc, jaune citron, rouge et noir.

Armchair upholstered in technical fabric hand-embroidered with glass tubes and beads, forming a vibrantly coloured contour, a halo of light: an aura. This halo effect is evident both optically, (the light diffracts the contours), and tactilely, (fingers play on these soft prickles). This armchair with its strong presence is a true "object of pleasure".
Aura is based on the flexible backrest Capri chair designed by Hannes Wettstein for Cerruti Baleri. This couture armchair is available in four colours: white, lemon yellow, red and black.

«Le point de départ, un fauteuil appelé Capri Chair, est historiquement l'une des plus importantes pièces de la maison Cerruti Baleri. L'approche est particulièrement rationnelle dotée de ses propres mécanismes. Un classique en terme de bon design industriel. Mais l'apport de Maurizio Galante par la broderie fait main transforme cet objet de design en un objet de désir.»
Federico Carandini, directeur artistique de Cerruti Baleri.

"The starting point, an armchair entitled Capri Chair, is historically one of Cerruti Baleri's most important pieces. The approach is particularly efficient with its proprietary mechanism. A classic in terms of good industrial design. But Maurizio Galante's hand embroidered addition transforms this object of design into an object of desire."
Federico Carandini, Art Director of Cerruti Baleri.

«Ils ont toujours transmis leurs idées au travers d'une très grande richesse de sensibilité et d'imagination qu'il fallait filtrer pour rendre faisable. Pour travailler ensemble, il faut de l'amitié, du respect, de la surprise aussi. Il faut que chacun puisse se prendre l'un l'autre pour qu'il y ait une fraîcheur et une nouveauté. Il y a tout cela dans cette relation et j'en suis ravi.»
Nino Cerruti, président de Cerruti Baleri.

"They have always expressed their ideas through a great wealth of sensitivity and imagination, which was necessary to filter in order to feasibly render. Working together requires friendship, respect, and also surprise. Each has to be able to take from the other what he has to offer in terms of freshness and novelty. There is all of that in this relationship and I am delighted."
Nino Cerruti, Chairman of Cerruti Baleri.

Fauteuil, 2006
55 × 58 × 80 cm
17 kg
2,6 m de tissu
Polyuréthane, broderie de tubes de verres et de perles
Design : Maurizio Galante
Editeur : Cerruti Baleri
Vue d'ensemble et croquis original destiné à l'atelier.

Blouson AURA (détail)
En denim brodé à la main de tubes de verres transparents et de perles en pâte de verre jaune et pantalon sculpté assorti
Défilé haute couture été 2006 passage n° 5
Collection Maurizio Galante lundi 23 janvier Hôtel Continental.

Armchair, 2006
55 × 58 × 80 cm
17 kg
2.6 m of fabric
Polyurethane, embroidery of glass tubes and beads
Design: Maurizio Galante
Edited by Cerruti Baleri
General view and original sketches for the workshop.

AURA denim jacket (detail)
Hand embroidered with transparent glass tubes and yellow cast glass beads, and assorted sculptured pants.
Haute couture fashion show summer 2006 passage No. 5
Collection Maurizio Galante, Monday 23 January, at Hotel Continental.

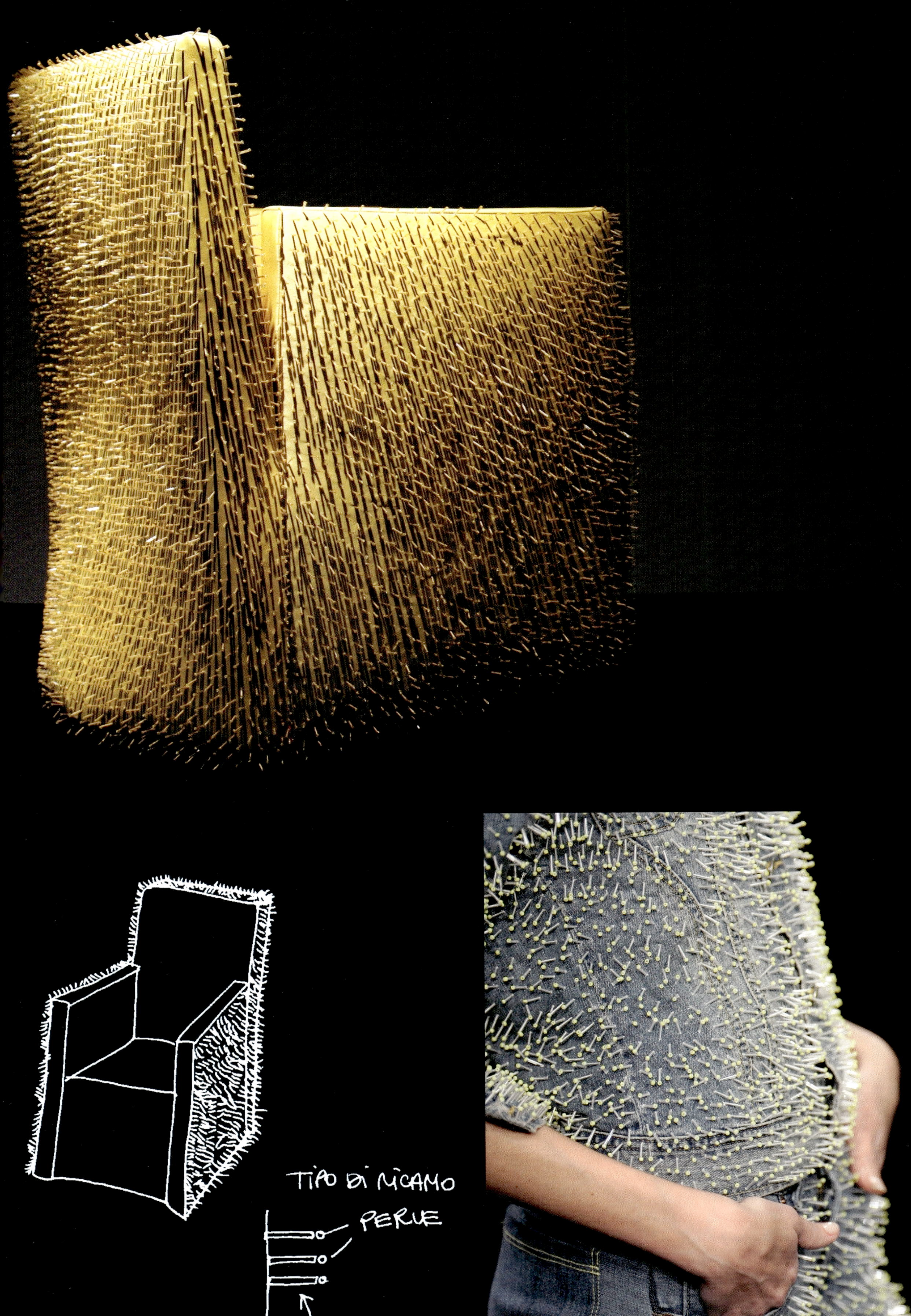
TIPO DI RICAMO
PERLE
TUBO VETRO

AURA FIORITA

edited by **Cerruti Baleri**

42

Fauteuil recouvert de tissu technique brodé à la main de rubans au motif fleuri. Alors que le modèle édité est exclusivement monochrome, une version inédite est créée dans le cadre de l'exposition « INTERWARE, design transversal » dans un motif coloré similaire à deux tenues haute couture.
Aura Fiorita est fait sur la base des fauteuils à dossier flexible *Caprichair* de Hannes Wettstein édités par Cerruti Baleri. Ce fauteuil est disponible dans quatre couleurs : blanc, jaune citron, rouge et noir.

Armchair upholstered in technical fabric hand-embroidered with ribbons in a floral motif. While the manufactured models are exclusively monochromatic, a new version was created for the 'INTERWARE, Transversal Design' exhibition, with a coloured pattern similar to two haute couture outfits.
Aura Fiorita is based on the flexible backrest Capri chair designed by Hannes Wettstein for Cerruti Baleri. This armchair is available in four colours: white, lemon yellow, red and black.

« Il y a une très grande originalité qui est propre à Maurizio Galante mais il y a aussi certaines valeurs que j'aime beaucoup. Un certain raffinement, un certain excès combiné à une certaine discrétion. L'originalité mais en même temps des produits authentiques et non artificiels dans le seul but d'étonner et d'épater. Une espèce de distillation de la création qui cherche à s'exprimer sans être trop bruyante. »
Nino Cerruti, président de Cerruti Baleri.

"There is not only great originality that is unique to Maurizio Galante, but also certain values which I love very much. A certain refinement, a certain excess combined with certain discretion. Original products, yet authentic rather than artificially aiming to solely amaze and impress. A kind of distillation of creation that seeks to express itself without being too loud."
Nino Cerruti, Chairman of Cerruti Baleri.

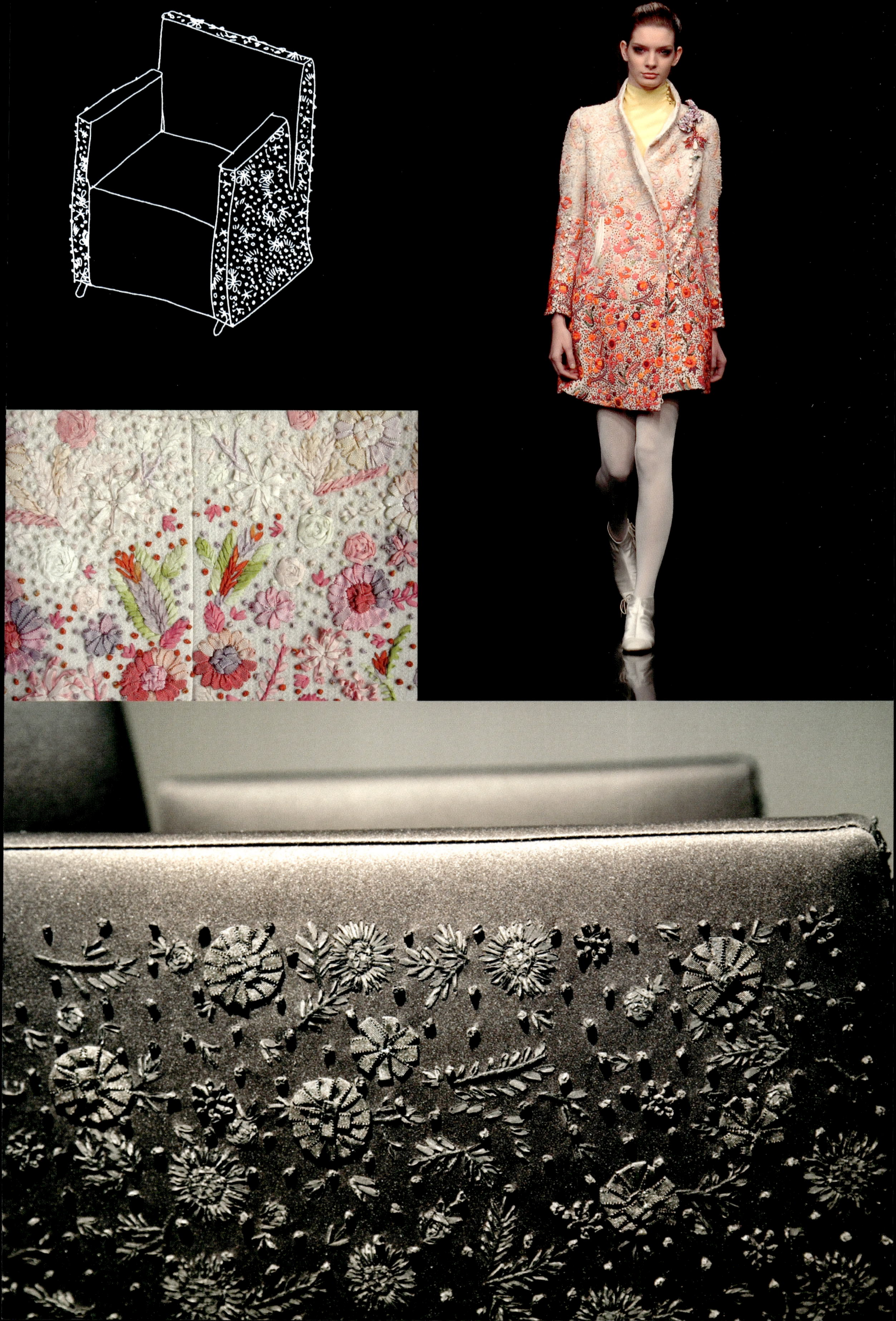

Sur une base en médium laqué brillant, les pieds et le dossier sont enroulés/brodés de fils tubulaires en plastique souple dans le même coloris. Intensément rouge, l'aplat coloré est faussé malicieusement. L'enfilement allie régularité et accident : le jeu de nœuds casse la rectitude de la forme et pique la curiosité. La mathématique est poétique : l'idée initiale part du chiffre 9 et de son multiple appliqué aux dimensions de *Nove*. La mathématique est ésotérique : il existe un plaisir dans l'exercice d'imaginer un objet à partir de chiffres susceptibles de transmettre leur pouvoir et leur histoire.

Dans la même facture, la table *Undici*, basée sur le nombre 11, est éditée et disponible en trois couleurs (rouge, blanc, noir) et dans trois tailles différentes et deux hauteurs.

On a glossy lacquered MDF, the feet and the back are wrapped/embroidered with supple tubular plastic threads of the same colour. Intensely red, the coloured area is maliciously distorted. The threading combines regularity and randomness: the play of knots breaks the straightness of the shape and piques the curiosity. Mathematics is poetry: the initial idea starts from the figure 9 and its multiples applied to the dimensions of *Nove*. Mathematics is esoteric: there is a pleasure in the exercise of imagining an object starting from figures susceptible of transmitting their power and their story.

In the same manner, the table *Undici*, based on the number 11, is manufactured and available in three colours, (red, white, black), and in three different sizes and two heights.

« Ces objets apportent une rare qualité de présence. Ils se démarquent de nos collections qui relèvent plus du design industriel. Produit dans nos usines, l'approche industrielle est le point de départ à cette collaboration. En travaillant avec eux, nous avons découvert une voie totalement nouvelle. Le travail de broderie sur la production industrielle procure aux objets une touche singulière. »
Federico Carandini, directeur artistique de Cerruti Baleri.

"These objects carry a rare quality of presence. They stand out in our collections which are more relevant to industrial design. Produced in our factory, the industrial approach is used as a starting point for this collaboration. By working together, we have discovered a totally new way. The embroidery work in the industrial production procures the objects a singular touch."
Federico Carandini, Art Director Cerruti Baleri.

Table *Undici* et chaise *Nove* (prototype), 2006 (détail)
36 × 45 × 81 cm
Bois, médium, tubes de silicone
Design : Maurizio Galante
Editeur : Cerruti Baleri
Croquis originaux du fauteuil destiné à l'atelier.
Détail de la table *Undici*
Table et chaise présentées lors de l'installation « Galanterie », Salon du meuble à Milan, avril 2006.

Table *Undici* and chair *Nove* (prototype), 2006 (detail)
36 × 45 × 81 cm
Wood, MDF, silicone tubes
Design: Maurizio Galante
Edited by Cerruti Baleri
Original sketch for the workshop
Detail from *Undici* table
Table and chair presented at the installation "Galanterie", at Milan Furniture Fair, April 2006.

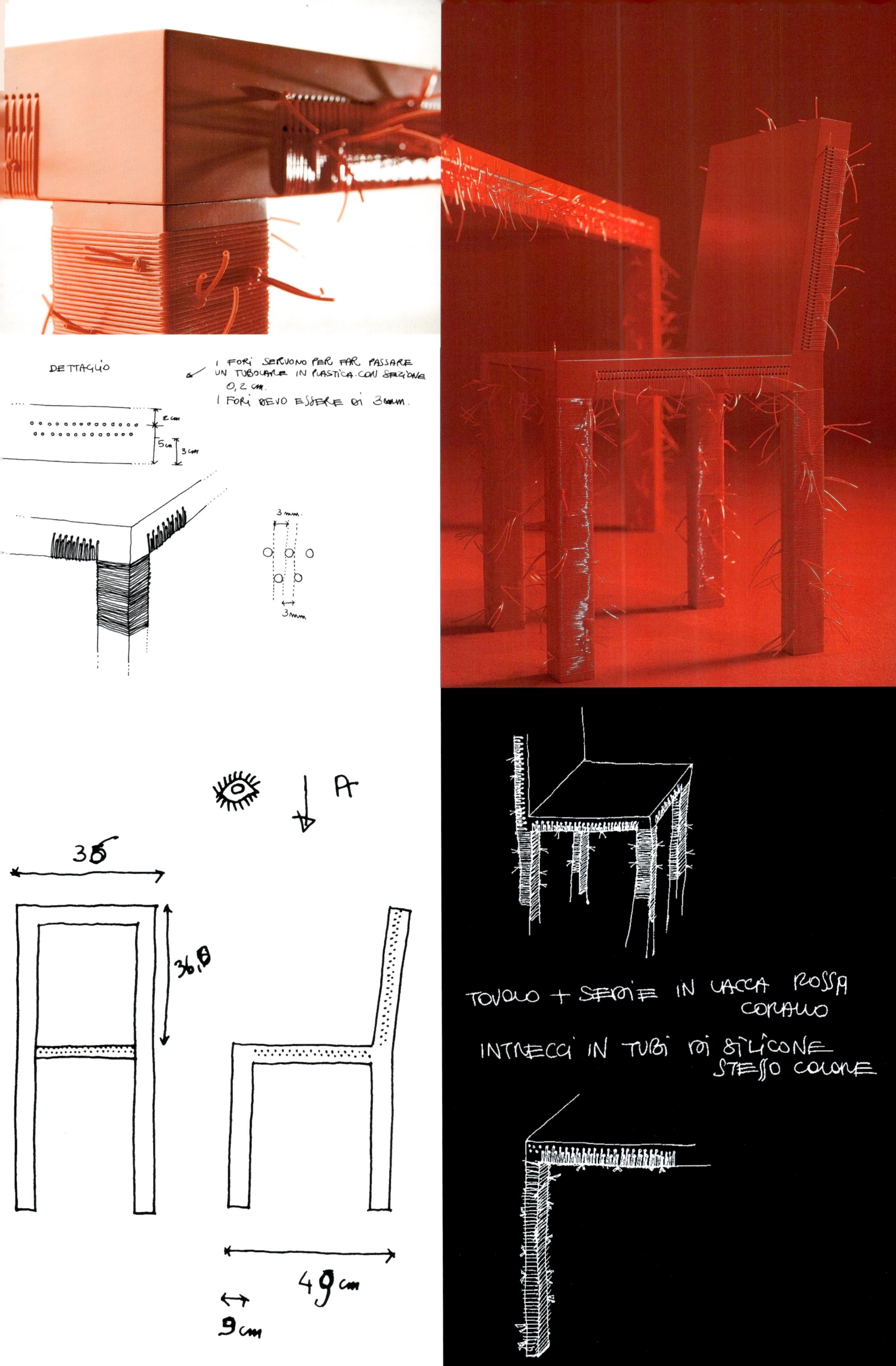
DETTAGLIO
I FORI SERVONO PER FAR PASSARE UN TUBOLARE IN PLASTICA CON SEZIONE 0,2 cm.
I FORI DEVO ESSERE DI 3mm.
2 cm
5 cm
3 cm
3 mm.
3 mm
A
35
36,8
49 cm
9 cm
TAVOLO + SEDIE IN LACCA ROSSA CORALLO
INTRECCI IN TUBI DI SILICONE STESSO COLORE

TATO TATTOO

edited by **Cerruti Baleri**

Partant d'un classique de la collection Cerruti Baleri, les poufs de base ovoïde Tato ou ronde Tatino conçus par Denis Santachiara, Maurizio Galante pense l'objet par le sujet.
Il donne vie à ces formes en les associant à des images. Deux séries se distinguent. Une série de crânes sensibilise sur le devenir des animaux en voie de disparition : hippopotame, tigre et orang-outang.
L'autre fait de ces poufs des « objets de compagnie », un produit qui vous attend sagement à la maison : un lapin blanc, un bébé tigre, un chat gris, une carpe Koï, et même des serpents entrelacés et un flamant rose…

Starting from a classic of the Cerruti Baleri collection, the Tato oval base pouf or the round Tatino one designed by Denis Santachiara, Maurizio Galante contemplates the object by the subject.
He gives life to these forms by associating them with images. Two series are distinguished. A series of skulls increases awareness to the fate of animals under threat of extinction: hippo, tiger and orang-utan.
The other version of these poufs is "companion objects", a product that faithfully waits for you to return home: a white rabbit, a baby tiger, a grey cat, a Koi carp, and even interwoven snakes and a pink flamingo…

« C'est une *success story*. Les réactions sont immédiates. Certaines personnes tombent immédiatement amoureuses de ces objets, d'autres vont les détester. Mais dans tous les cas, ils ne laissent pas indifférents. Ce sont de véritables sujets de conversation. Les gens apprécient cette approche sensible du design qui ne se prend pas au sérieux. »
Federico Carandini, directeur artistique de Cerruti Baleri.

"It's a success story. The reactions are immediate. Some people immediately fall in love with these objects, while others may hate them. But in any case, no one remains indifferent. These are real "conversation pieces". People appreciate this sensitive design approach that doesn't take itself seriously."
Federico Carandini, Art Director Cerruti Baleri.

Assises flexibles en forme ovoïde en polyuréthane avec structure rigide anatomique interne et base en plastique recouverte d'un tissu technique imprimé à motifs « lapin blanc ».

An oval shaped flexible pouf in polyurethane with internal rigid support structure and plastic base, covered with a technical fabric printed with the image of a white rabbit.

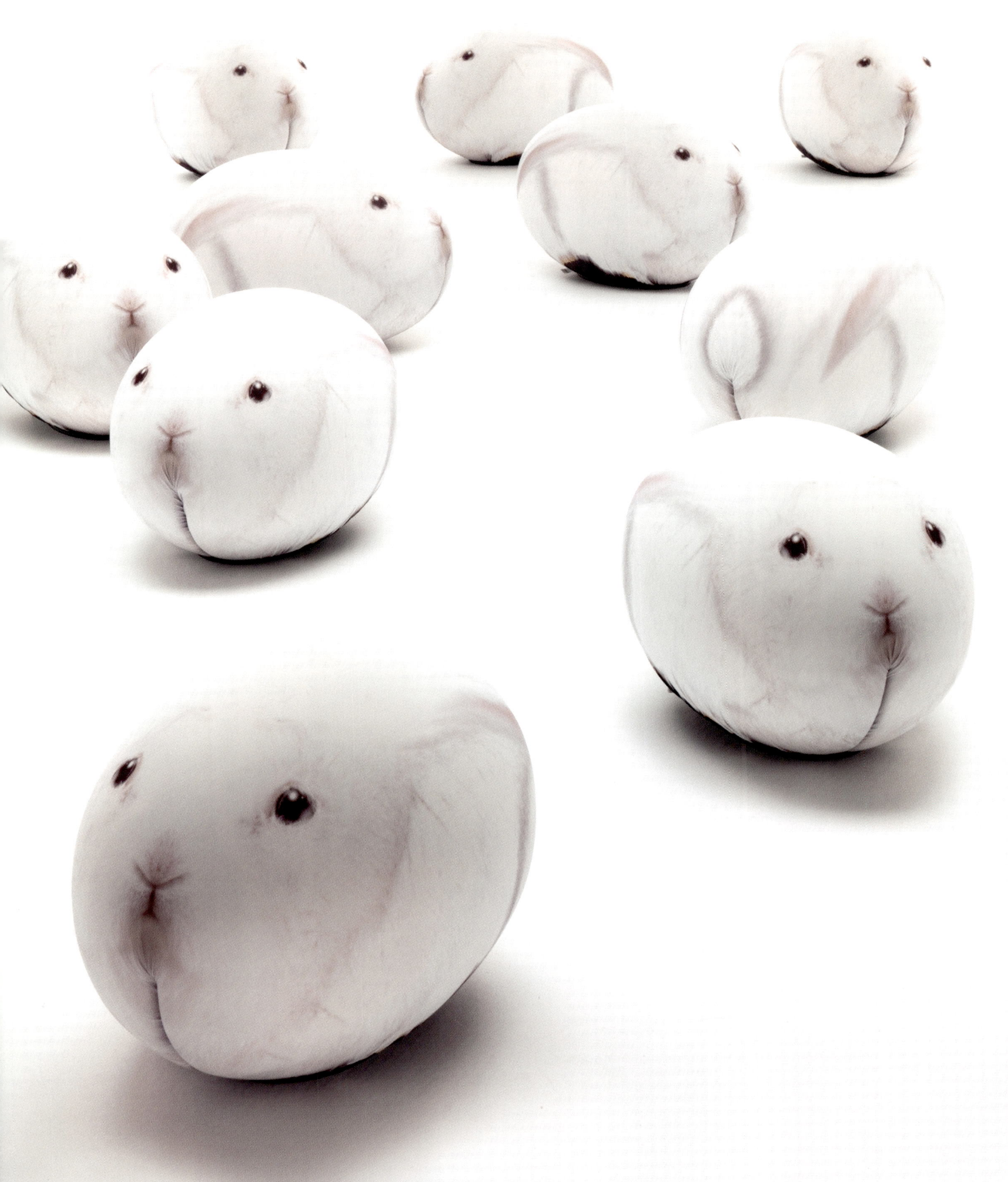

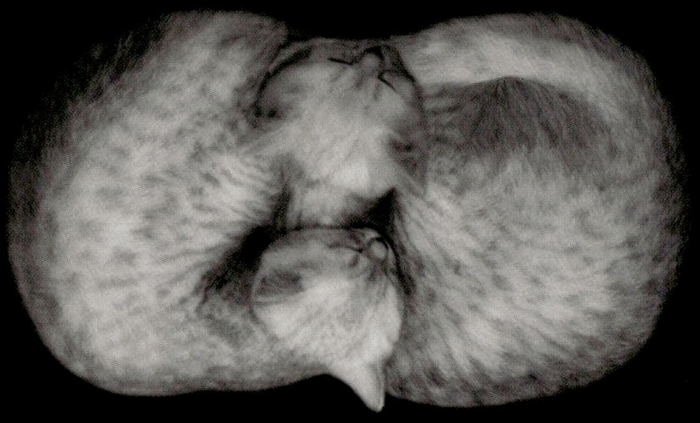

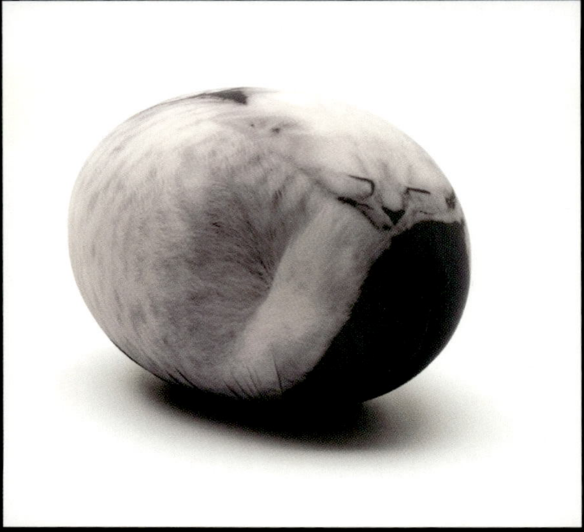

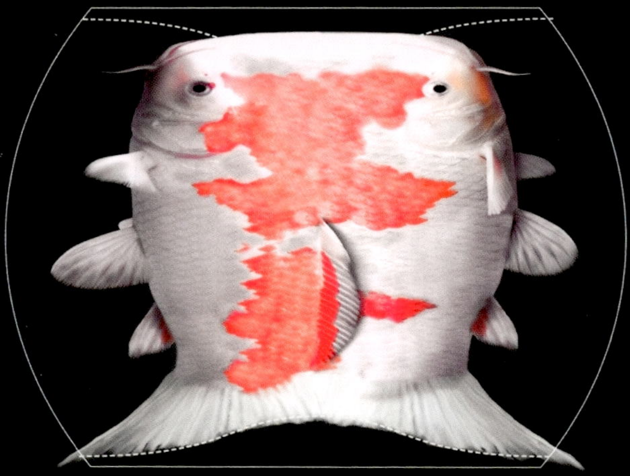

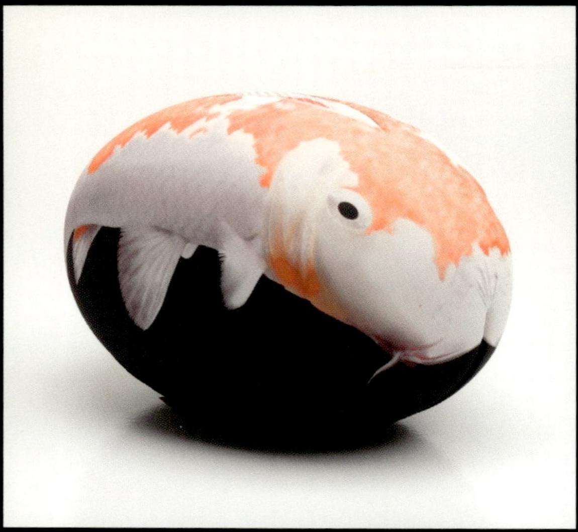

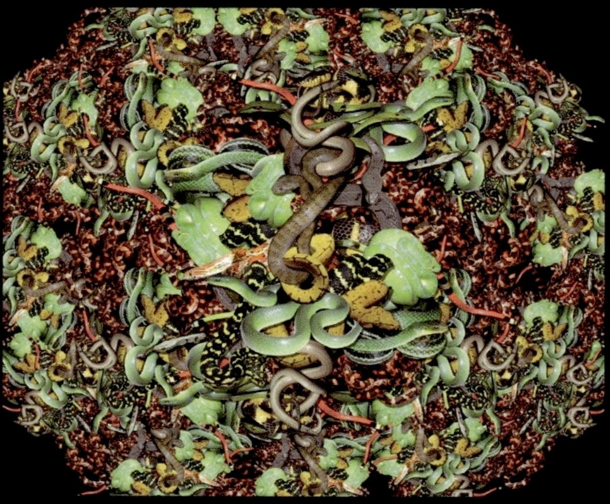

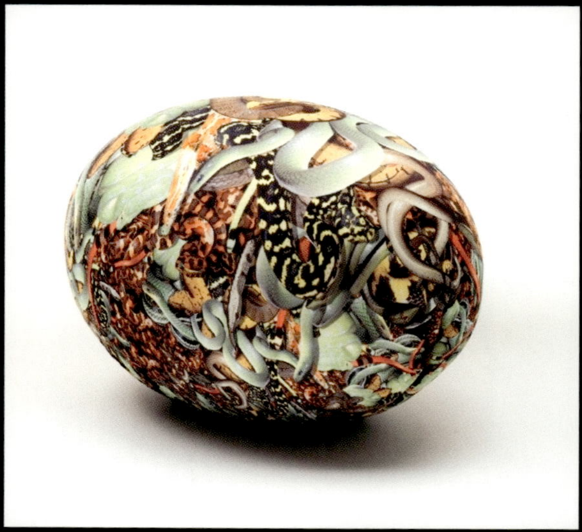

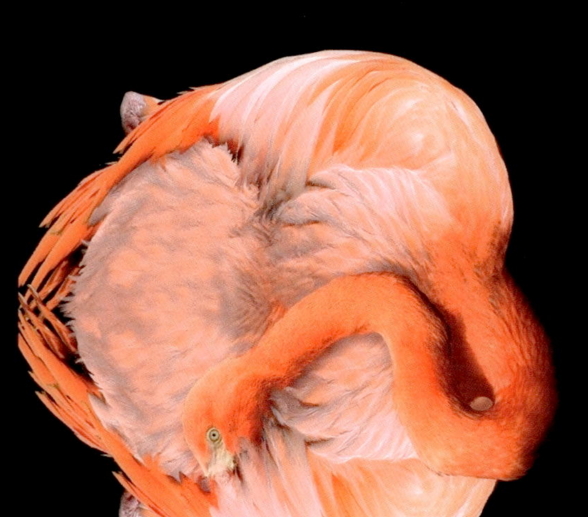

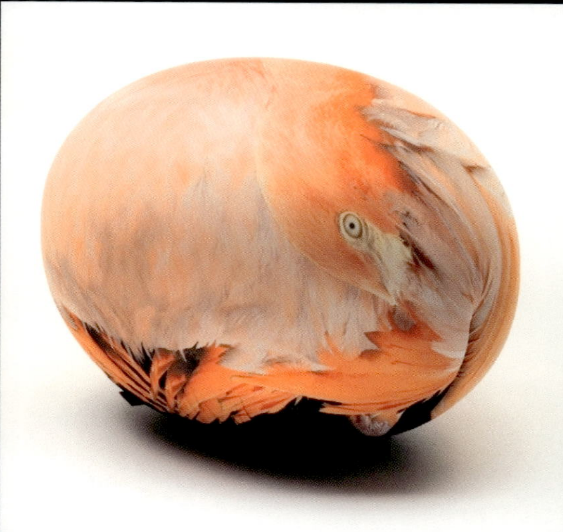

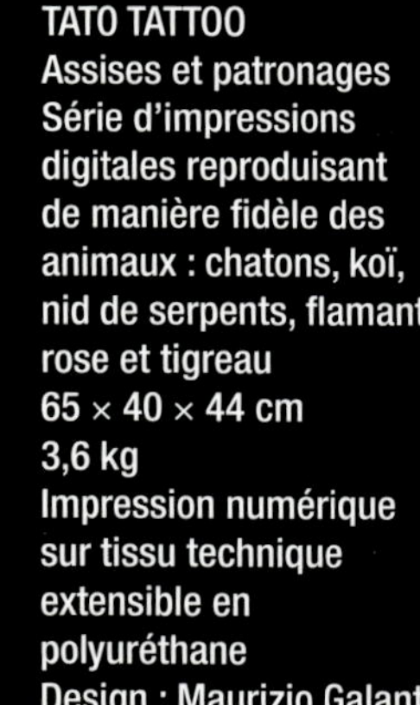

TATO TATTOO
Assises et patronages
Série d'impressions digitales reproduisant de manière fidèle des animaux : chatons, koï, nid de serpents, flamant rose et tigreau
65 × 40 × 44 cm
3,6 kg
Impression numérique sur tissu technique extensible en polyuréthane
Design : Maurizio Galante
Editeur : Cerruti Baleri

Poufs and patterns
Series of digital prints faithfully reproducing animals: kittens, Koi fish, nest of snakes, pink flamingos, and baby tiger
65 × 40 × 44 cm
3.6 kg
Digital printing on technical polyurethane stretch fabric
Design: Maurizio Galante
Edited by Cerruti Baleri

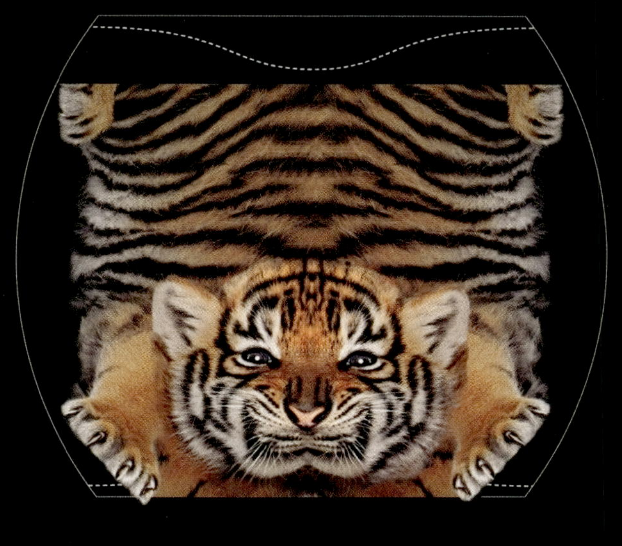

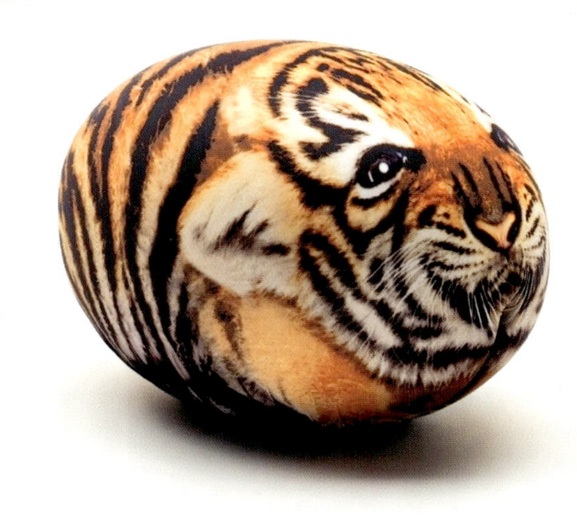

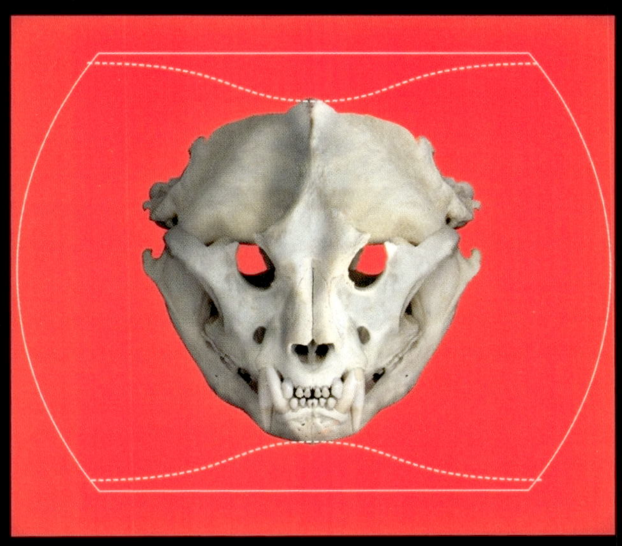

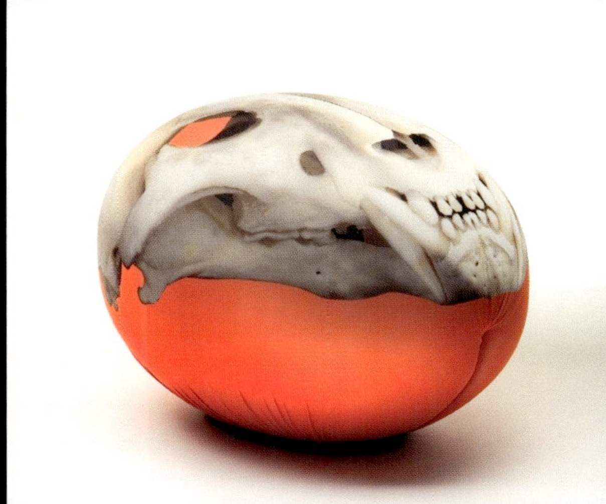

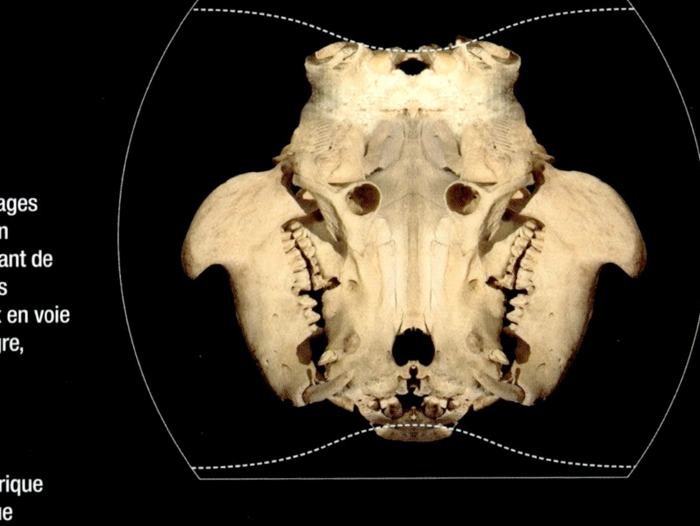

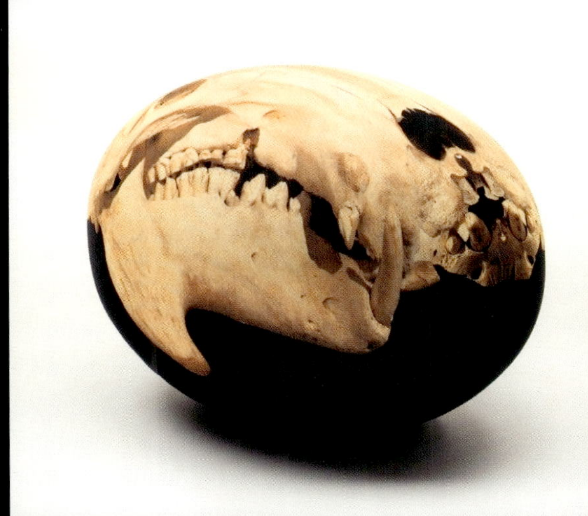

TATO TATTOO
Assises et patronages
Série d'impression digitale reproduisant de manière fidèle des crânes d'animaux en voie de disparition : tigre, hippopotame et orang-outan
65 × 40 × 44 cm
3,6 kg
Impression numérique sur tissu technique extensible en polyuréthane
Design : Maurizio Galante
Editeur : Cerruti Baleri

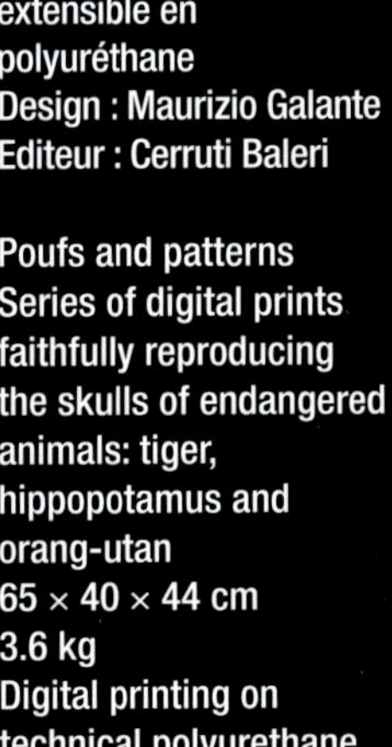

Poufs and patterns
Series of digital prints faithfully reproducing the skulls of endangered animals: tiger, hippopotamus and orang-utan
65 × 40 × 44 cm
3.6 kg
Digital printing on technical polyurethane stretch fabric
Design: Maurizio Galante
Edited by Cerruti Baleri

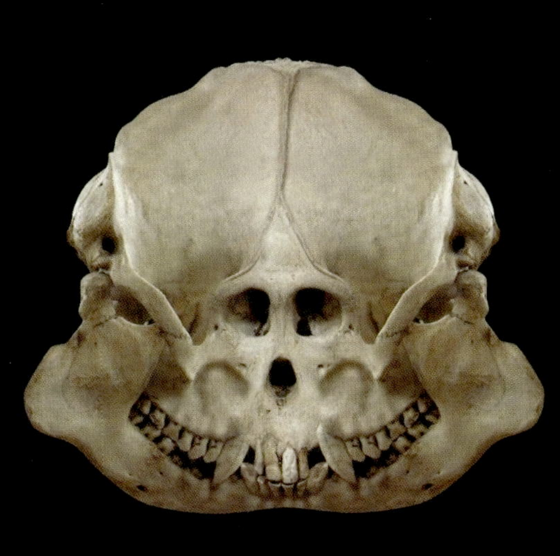

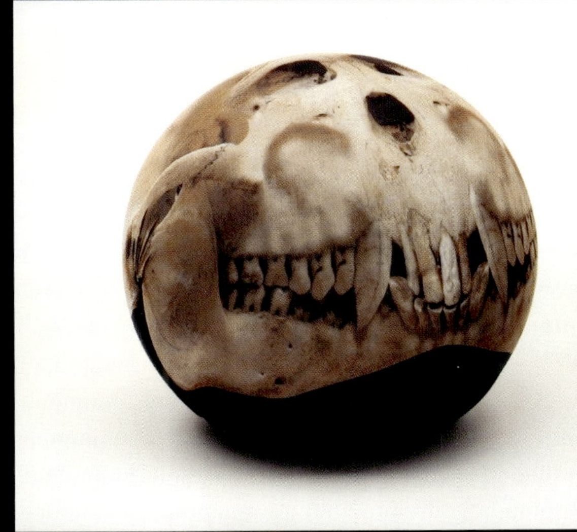

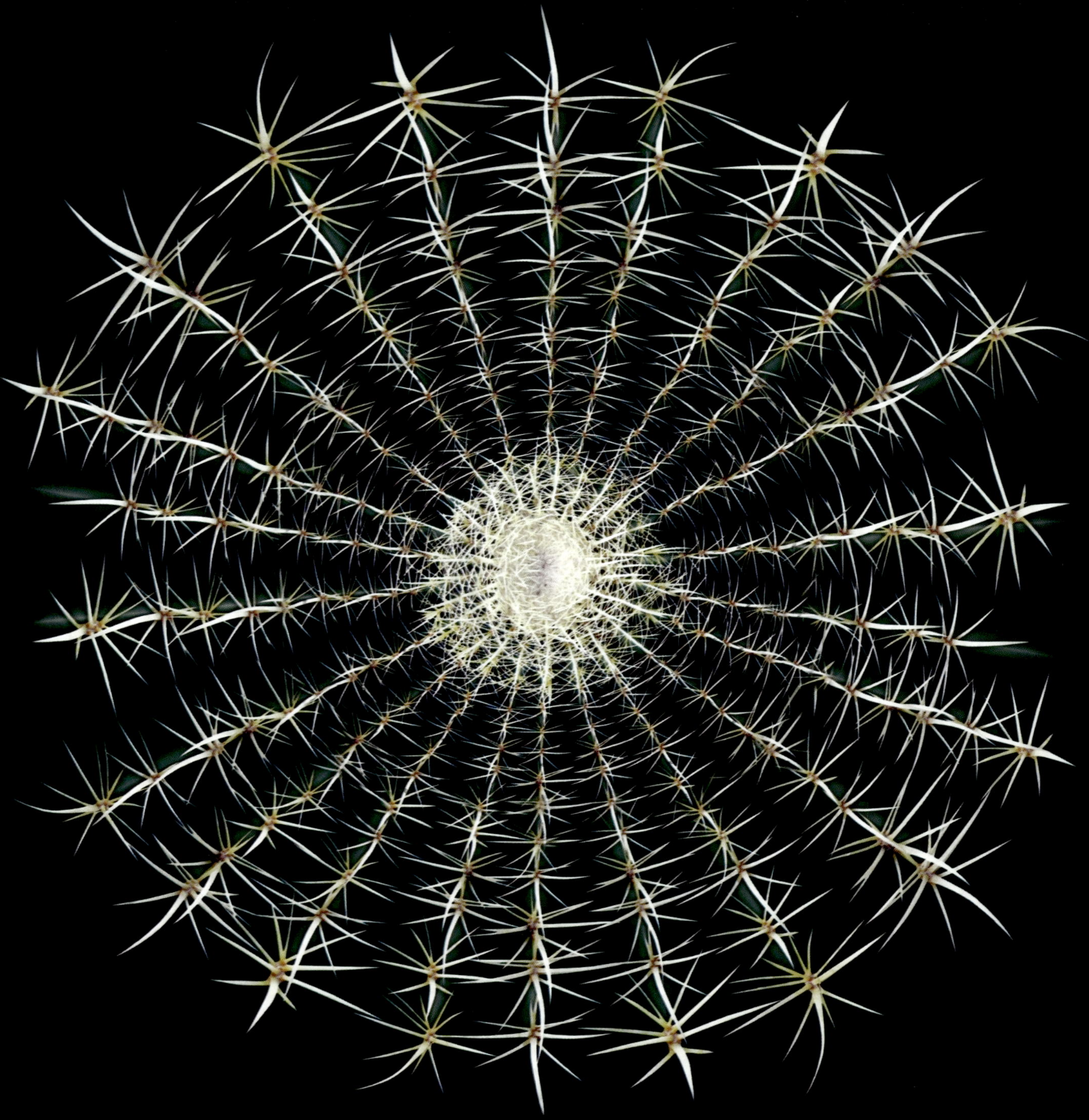

Un dernier modèle rond représentant un cactus « coussin de belle-mère » vient d'être édité. Une installation-pépinière a été présenté lors de la dernière Designer's Days à Paris.

A final round model representing a cactus "mother-in-law cushion" has just been produced. An installation-nursery was presented at the last Designer's Days in Paris.

Assise à motif cactus « coussin de belle-mère », 2010
Diam. 45 cm
4,5 kg
Impression numérique sur tissu technique extensible en polyuréthane
Design : Maurizio Galante
Editeur : Cerruti Baleri
En haut : patronage.
En bas : installation aux Docks en Seine, Paris, juin 2010.
Page de droite : mise en situation de l'assise.

Cactus pouf "mother-in-law cushion", 2010
Diam. 45 cm
4.5 kg
Digital printing on technical polyurethane stretch fabric
Design: Maurizio Galante
Edited by Cerruti Baleri
Above: credit
Below: the installation at Docks en Seine, Paris, June 2010.
Right page: trying out the pouf.

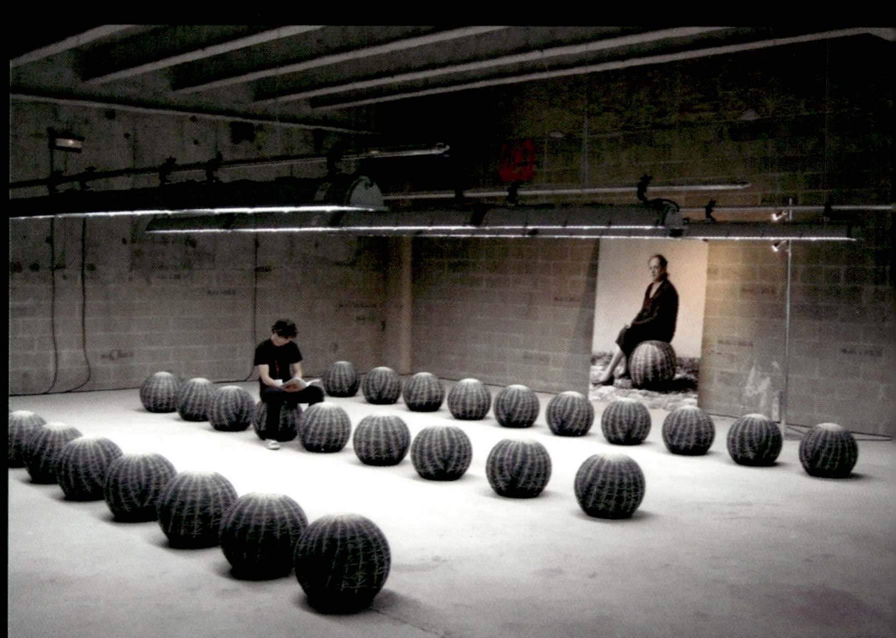

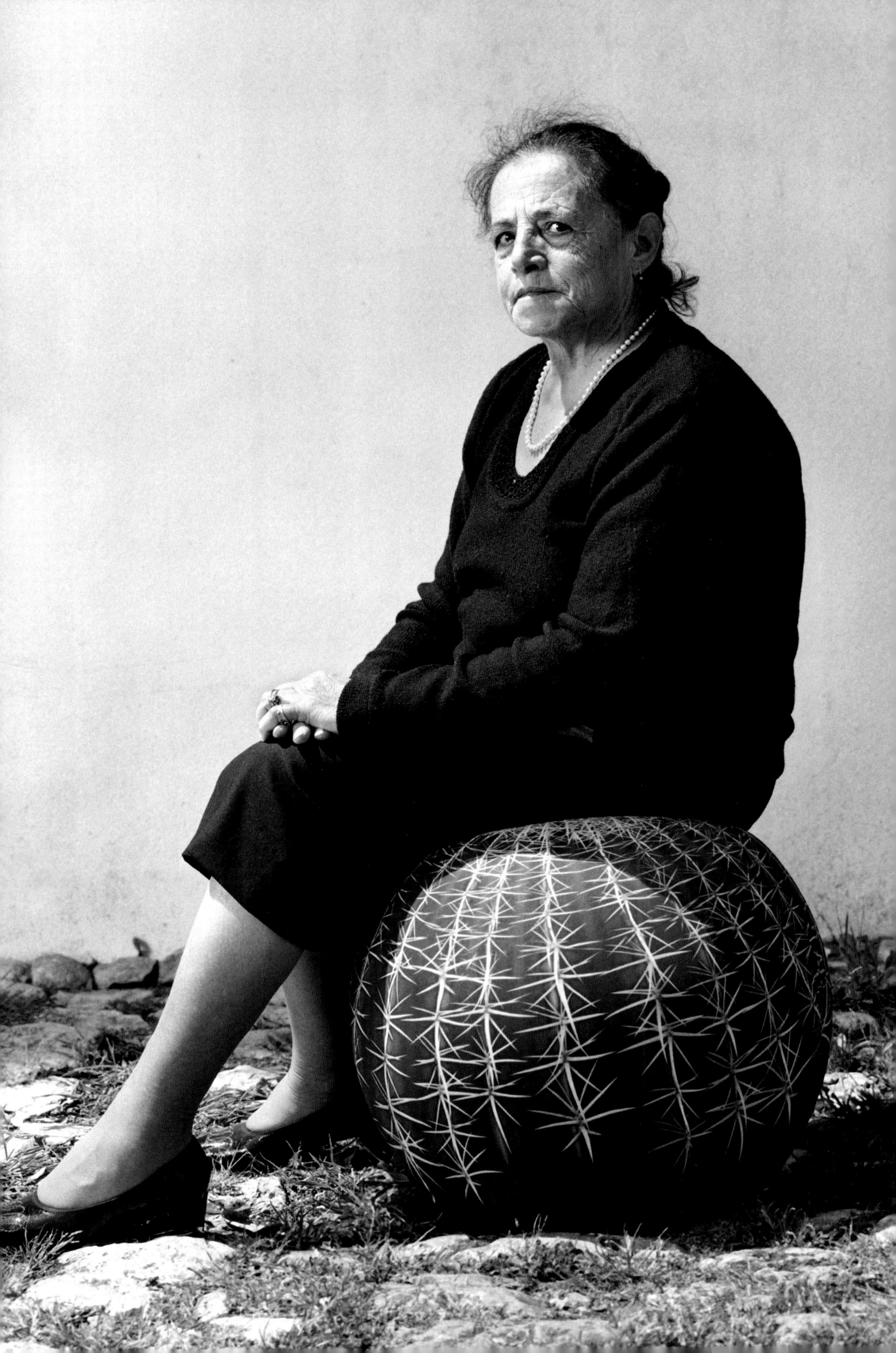

VALENTINA C

edited by **Cerruti Baleri**

**Être assis dans un bouquet de fleurs de lys épanouies. S'immerger parmi ces fleurs, laisser ses mains explorer les pétales textiles.
Structure sur stèle tubulaire peinte en blanc, rouge ou noir. Assise et dossier en polyuréthane capitonné recouvert de tissu technique dans la même couleur que la structure.
Le fauteuil dessiné par Maurizio Galante est disponible en version standard ou en version fleur.**

**To be seated within a bouquet of blooming lilies. Immersed in flowers, let your hands explore the textile petals.
Tubular steel structure painted in white, red or black. Seat and backrest made of padded polyurethane covered with technical fabric in the same colour as the structure.
The chair is available both in standard format, and with flower decoration designed by Maurizio Galante.**

« C'est l'histoire d'une passion avec une femme, l'actrice Valentina Cortese, qui a un impact important sur les créations de Maurizio Galante. Avec cette chaise Valentina C, il introduit chez Cerruti Baleri un concept personnel et innovant que nous n'avions pas vu auparavant. Une structure rationnelle et moderne recouverte de fleurs faites à la main. Une rencontre d'opposés avec les normes industrielles. C'est vraiment sensuel. » Federico Carandini, directeur artistique de Cerruti Baleri.

"It's a story of a passion with a woman, the actress Valentina Cortese, who had an important impact on Maurizio Galante's creation. With the chair Valentina C, he introduced at Cerruti Baleri a personal and innovative concept that we haven't seen before. An efficient and modern structure covered with handmade flowers. A meeting of opposites with industry standards. It's really sensual." Federico Carandini, Art Director Cerruti Baleri.

« Maurizio Galante a un sens très concret des choses. Il se pose la même question face à un objet que face à un vêtement. Finalement, l'atmosphère et les émotions sont les mêmes. »
Nino Cerruti, président de Cerruti Baleri.

"Maurizio Galante has a very concrete sense of thing. He asks the same question in front of an object as in front of a garment. Finally, the atmosphere and the feelings are the same."
Nino Cerruti, Chairman of Cerruti Baleri.

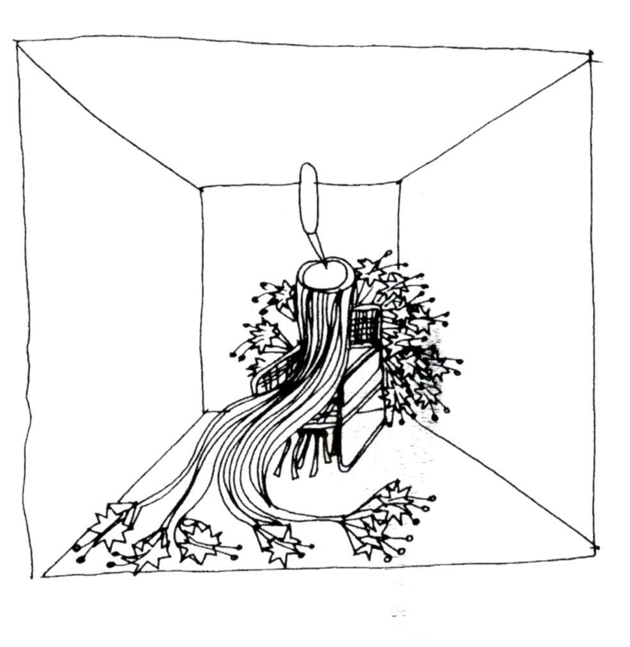

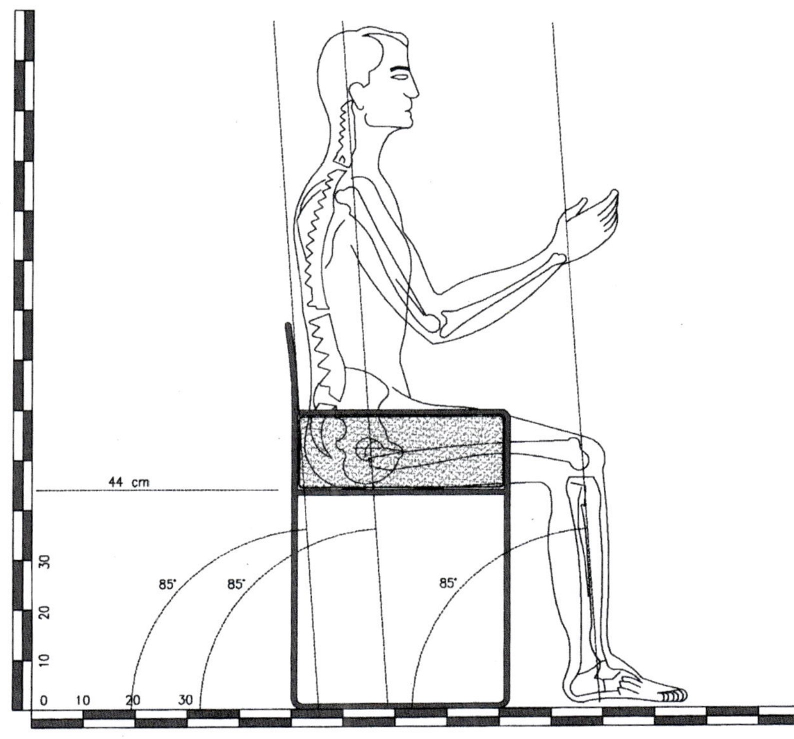
44 cm
85°
85°
85°
0
10
20
30
10
20
30

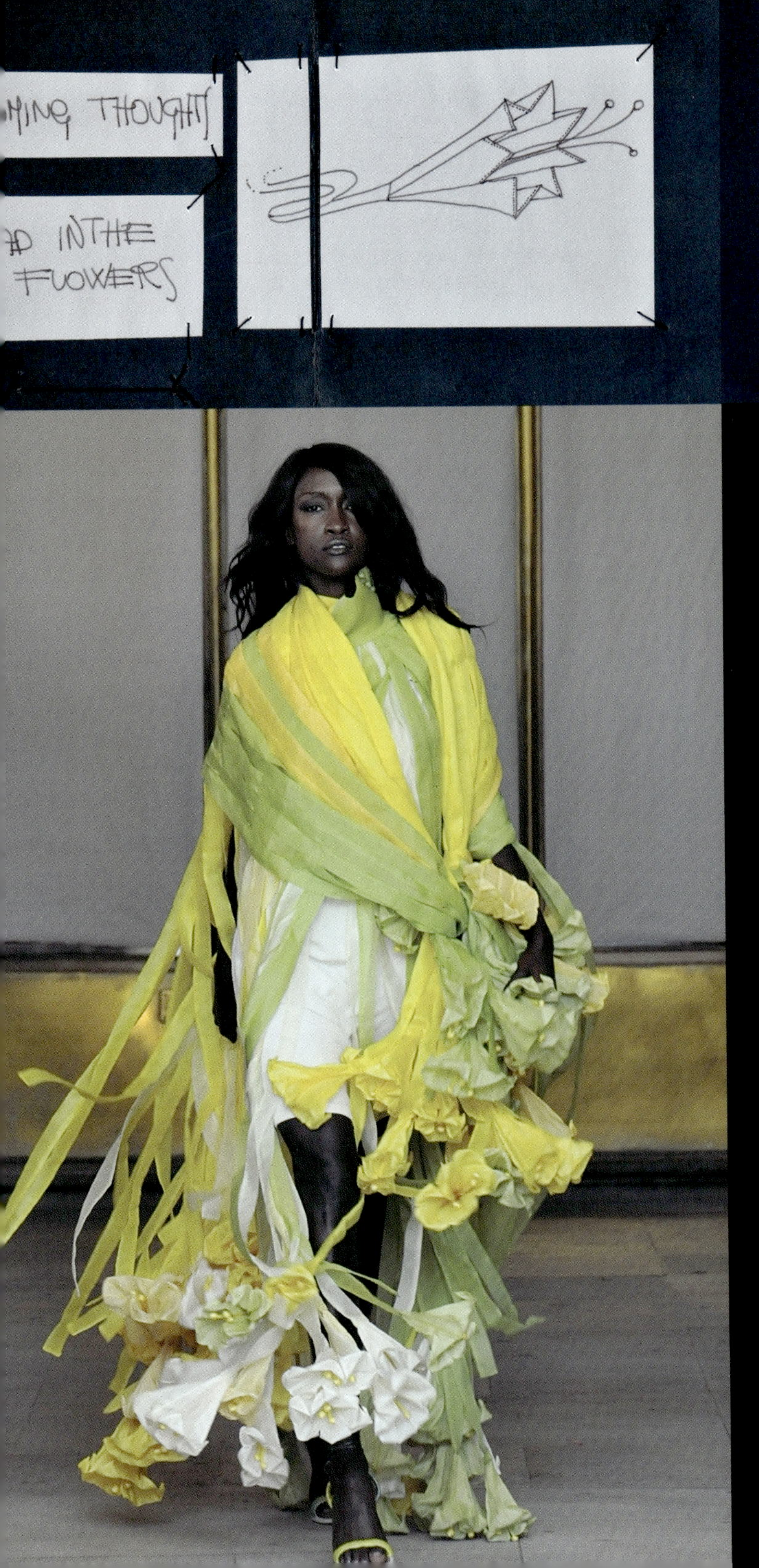
THOUGHT
IN THE
FLOWERS

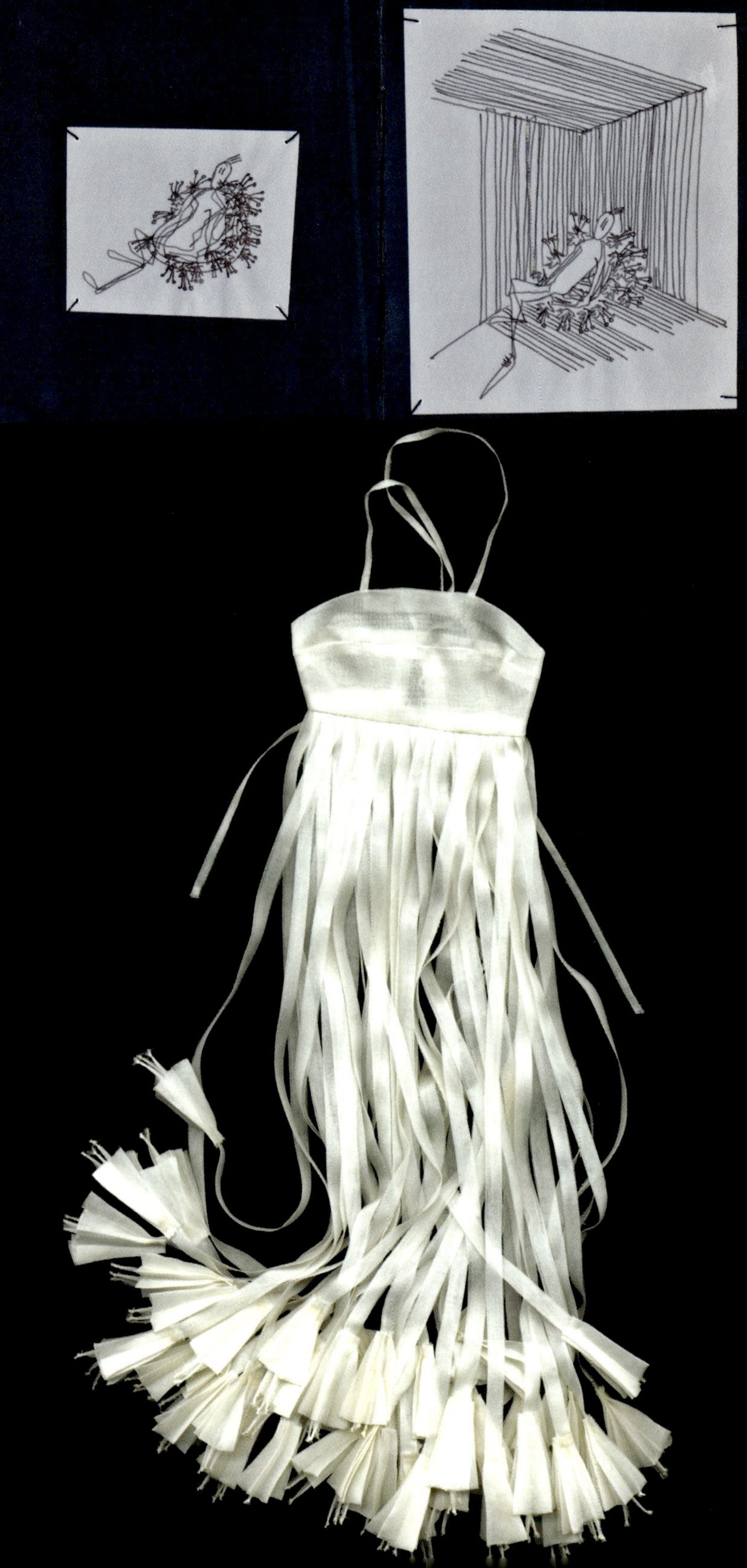

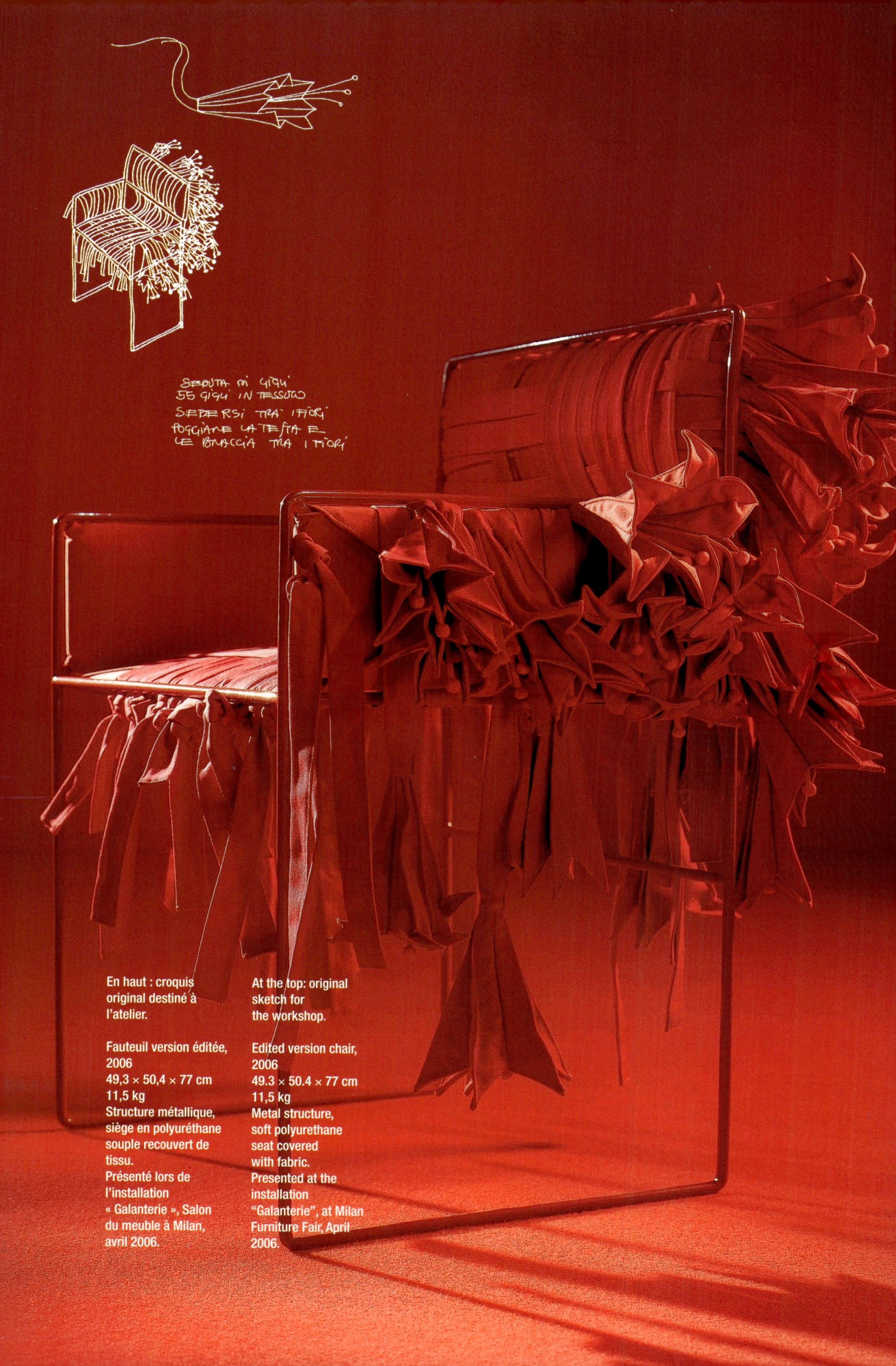

En haut : croquis original destiné à l'atelier.

Fauteuil version éditée, 2006
49,3 × 50,4 × 77 cm
11,5 kg
Structure métallique, siège en polyuréthane souple recouvert de tissu.
Présenté lors de l'installation « Galanterie », Salon du meuble à Milan, avril 2006.

At the top: original sketch for the workshop.

Edited version chair, 2006
49.3 × 50.4 × 77 cm
11,5 kg
Metal structure, soft polyurethane seat covered with fabric.
Presented at the installation "Galanterie", at Milan Furniture Fair, April 2006.

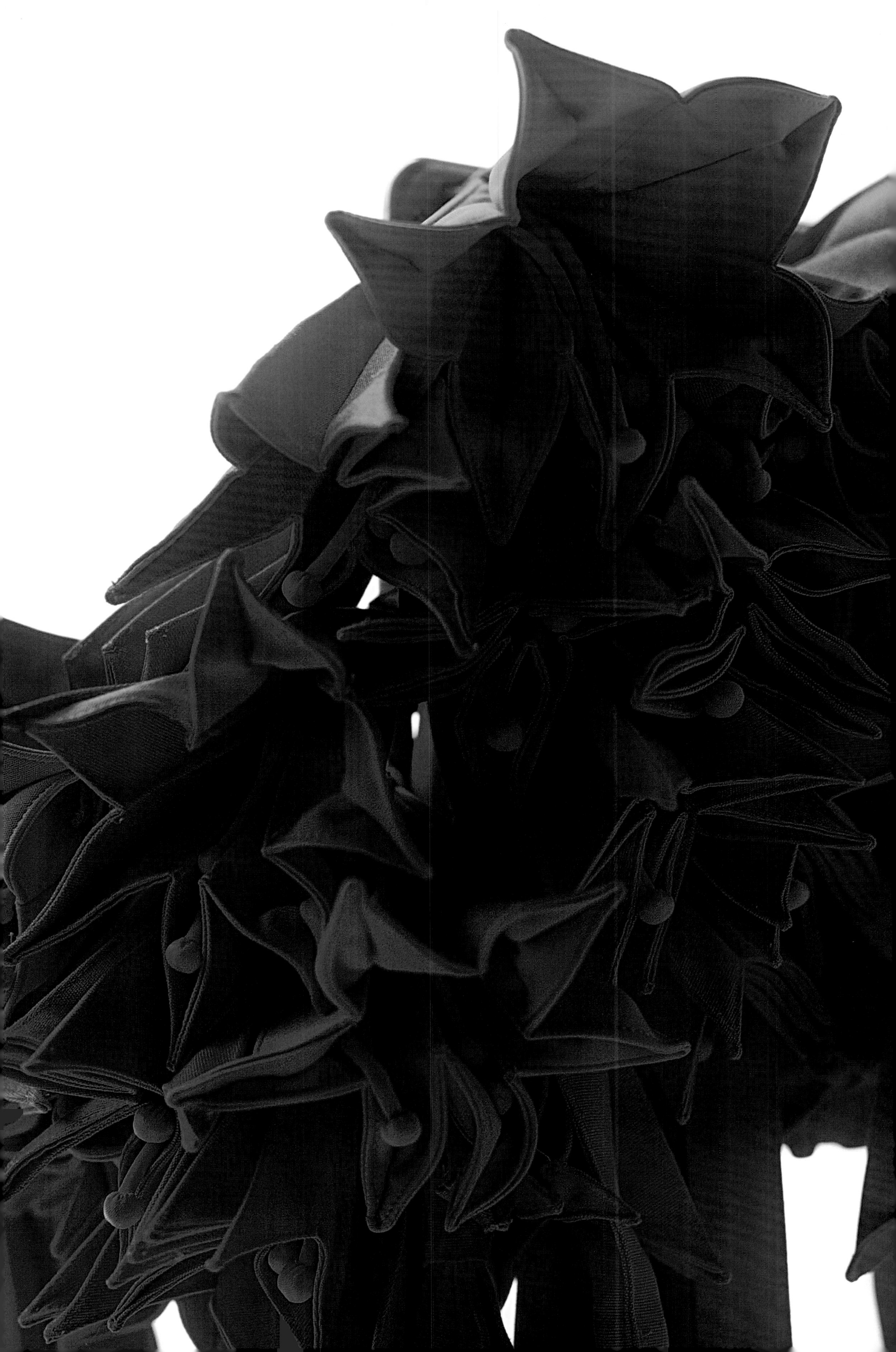

JISHIN

edited by **CRAFT Limoges**

Invité en 2007 par Nestor Perkal du CRAFT Limoges, Centre de Recherche sur les Arts du Feu et de la Terre, Maurizio Galante conçoit un modèle de vase articulé. Il lie ses expériences japonaises, *Jishin* signifie « tremblement de terre », et l'apparente fragilité de la porcelaine afin de faire un objet « qui bouge », un vase qui interagit avec son environnement.

Le vase est composé d'un cylindre central, sur lequel sont enfilées de fines plaques de porcelaine biscuit aux contours irréguliers découpées aléatoirement à la tenaille (non fixés et mobiles), bloquées au sommet par un anneau.

Invited in 2007 by Nestor Perkal of CRAFT, Centre de Recherche sur les Arts du Feu et de la Terre, Maurizio Galante designed an articulated vase. Relating to his Japanese experiences, *Jishin* means "earthquake", and the apparent fragility of the porcelain results in an object "that moves", a vase that interacts with its environment.

The vase is composed of a central cylinder, on which wafer thin sheets of porcelain with irregular edges cut randomly with pliers are strung (mobile and not fixed), blocked at the top by a ring.

Vase en biscuit de porcelaine articulé (prototype), 2007
H. 25 cm
Diam. 20 cm
3,6 kg
Design : Maurizio Galante
Editeur : CRAFT Limoges
Croquis originaux destinés à l'atelier.

Articulated vase made of wafer porcelain (prototype), 2007
H. 25 cm
Diam. 20 cm
3.6 kg
Design: Maurizio Galante
Edited by CRAFT Limoges
Original sketches for the workshop.

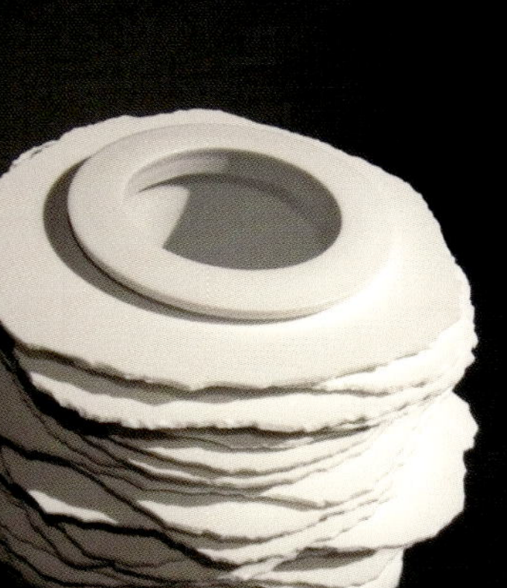

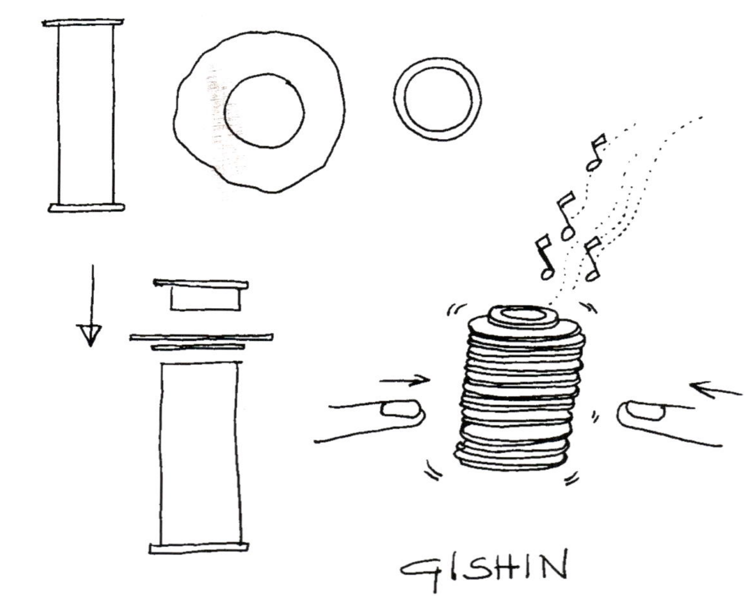

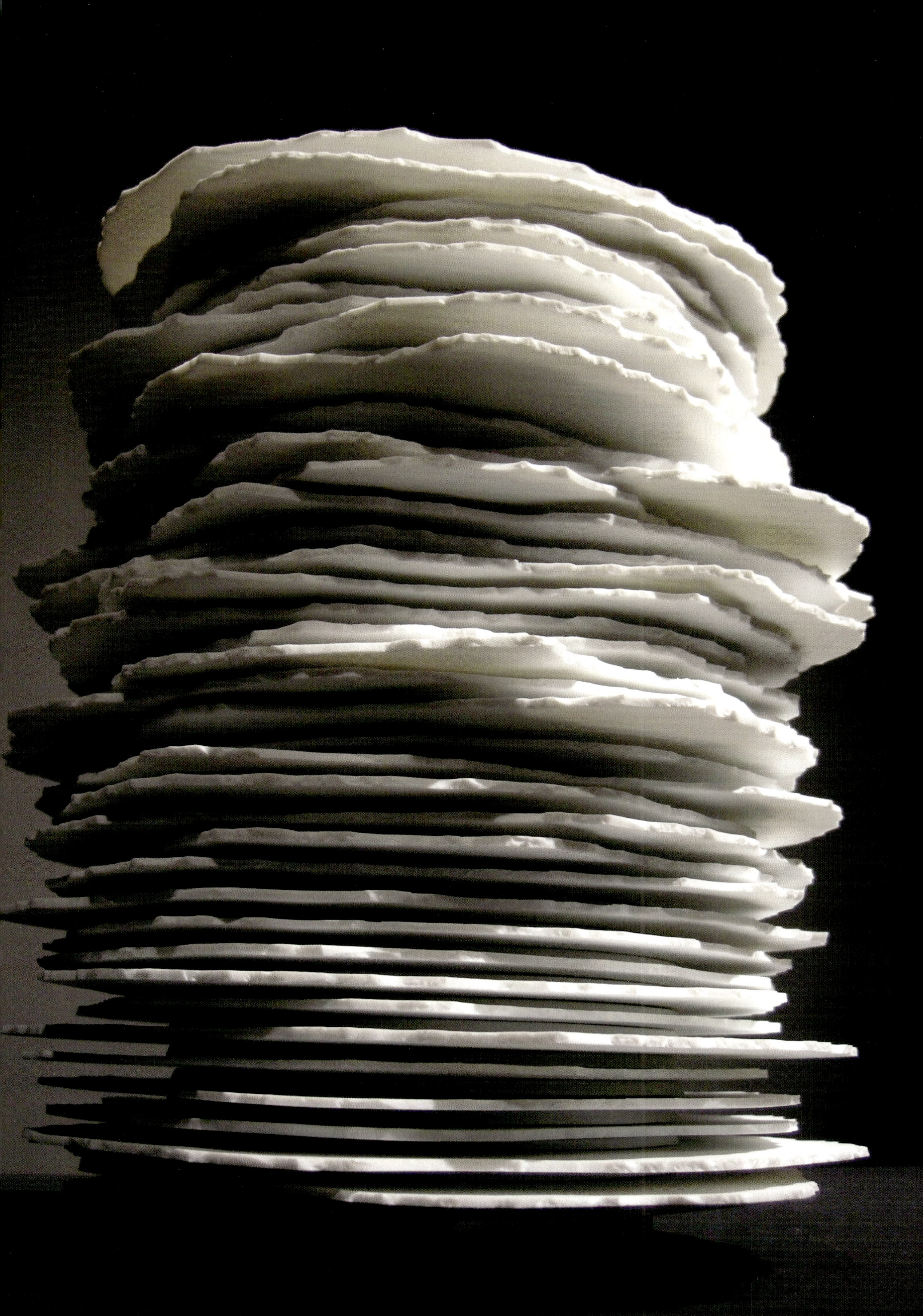

MARIE-ANTOINETTE

edited by **Elettra Domus**

La maison d'édition Elettra Domus a présenté le 14 avril 2010 sa première collection de couvre-lits avec deux modèles exclusifs conçus par le couturier Maurizio Galante. Les deux pièces ont en commun l'évocation de la rareté et de la préciosité, contredite par le mode de production. La notion de série (impression digitale/répétitions de motifs triangulaires) renvoie à celle d'unicité (objet historique/fait main). Entre technologie et artisanat, les deux couvre-lits conversent.
Ces deux produits, réalisés sur commande, se placent sur deux niveaux commerciaux différents et sont destinés à deux marchés distincts : *Marie-Antoinette* plutôt grand public et *Drago* plus exclusif.

Dormir comme une reine dans les draps de Marie-Antoinette... ce couvre-lit royal symbolise la philosophie de INTERWARE liant pragmatisme et irrationnel avec humour. Il reproduit l'exacte réplique en haute résolution numérique du dessus de lit brodé d'après un dessin de Jean-François Bony de 1786, visible dans la chambre de la Reine à Versailles.

The manufacturer Elettra Domus presented its first bedspread collection on April 14, 2010, with two exclusive models designed by the couturier Maurizio Galante. The two pieces share in common the evocation of rarity and preciousness, contradicted by their mode of production. The notion of series, (digital print / repetitions of triangular motifs), refers to the uniqueness, (artefact / handmade). Between technology and craftsmanship, the two bedspreads converse.
These two products, made to order, are placed on two different commercial levels and are designated for two distinct markets: *Marie-Antoinette* primarily for the mass market, and *Drago* is more exclusive.

Sleeping like a Queen in the bedding of Marie-Antoinette... this royal bedspread symbolises the philosophy of INTERWARE connecting pragmatism and irrationality with humour. It reproduces an exact high resolution digital replica of the embroidered bedspread from a drawing by Jean-François Bony of 1786, which can be seen in the Queen's room in Versailles.

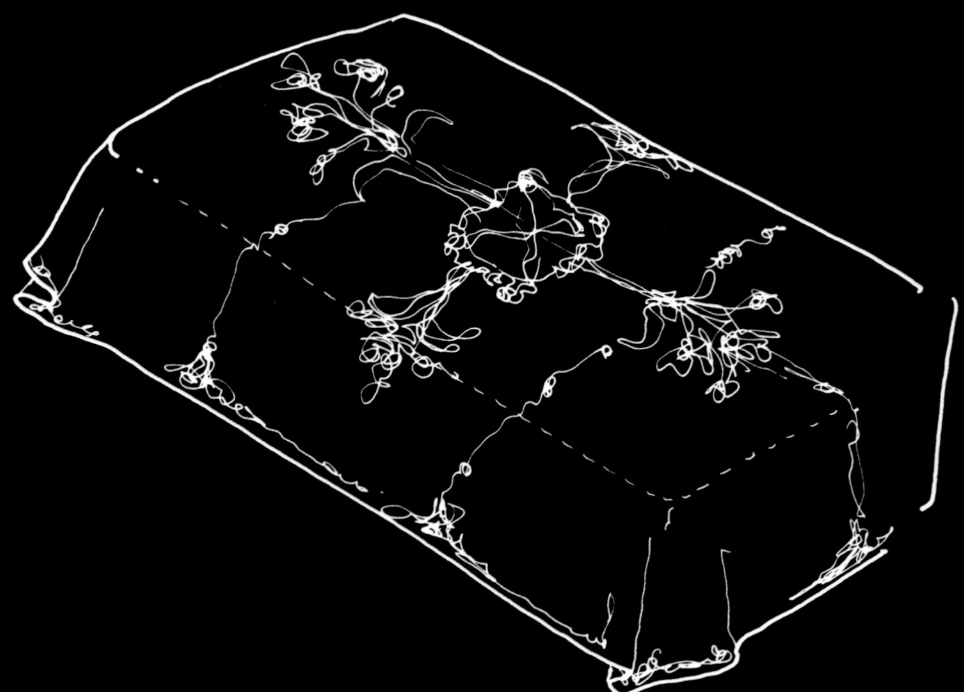

Couvre-lit, 2010
258 × 208 cm
2 kg
Temps de réalisation :
3 semaines
Impression digitale
200 dpi sur polyester
Design : Maurizio Galante
Editeur : Elettra Domus
Croquis du couvre-lit.
Page de droite, image numérique du motif.

Bedspread, 2010
258 × 208 cm
2 kg
Manufacture time:
3 weeks
Digital print 200 dpi on polyester
Design: Maurizio Galante
Edited by Elettra Domus
Original sketch of bedspread.
Right page: digital motif.

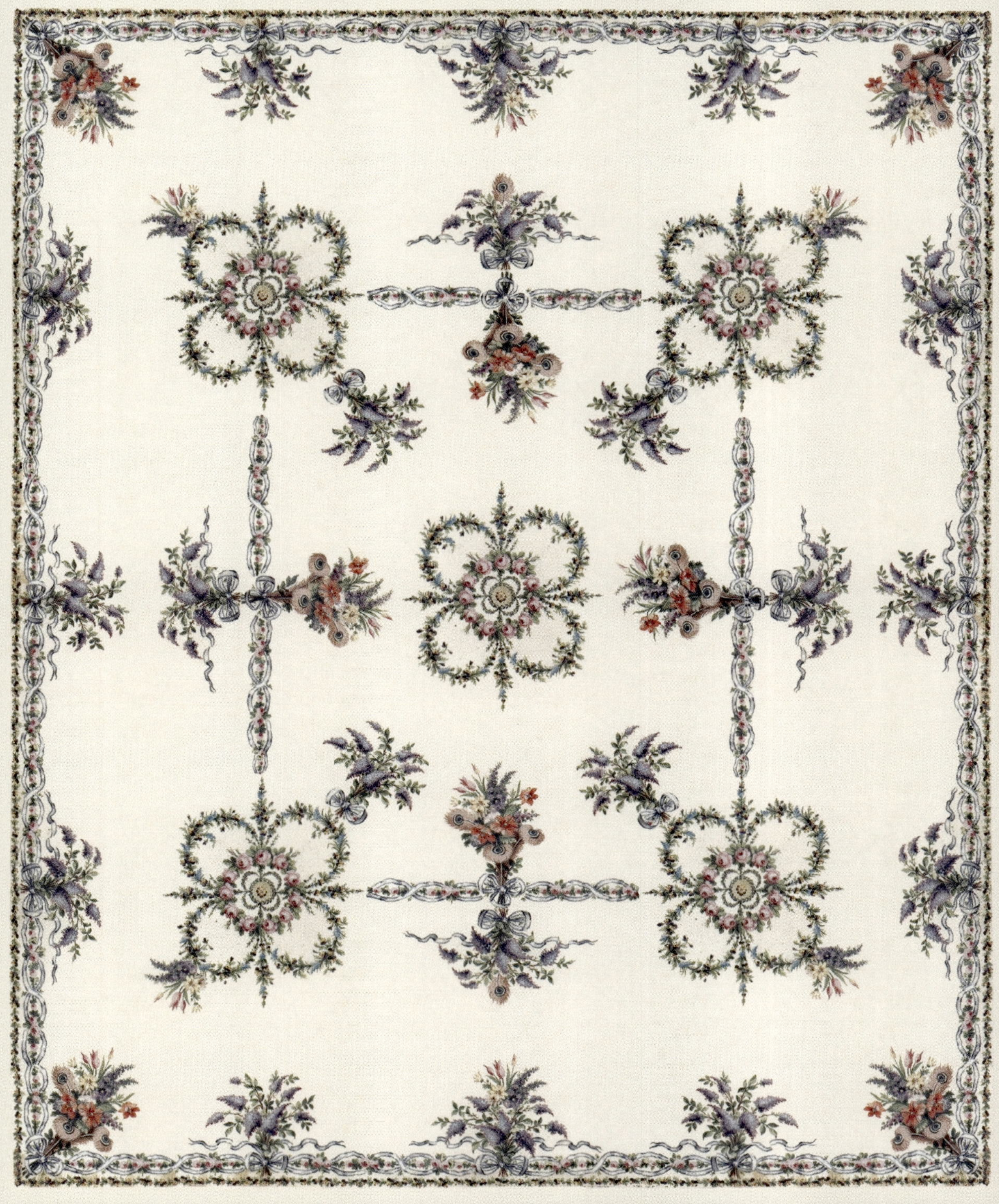

Ce couvre-lit illustre parfaitement le concept de design transversal. Autrement dit, comment la haute couture de Maurizio Galante peut-elle s'interpréter dans un objet du quotidien, et ainsi se décliner sans perte de valeur. Le travail tridimensionnel de simples motifs triangulaires répétés s'impose comme une signature.

This bedspread perfectly illustrates the concept of transversal design. In other words, how the Haute Couture of Maurizio Galante can be interpreted in an everyday object, and thus be developed without loss of value. The three dimensional work of simple repeated triangular motifs becomes a signature.

Couvre-lit, 2010
mis en situation
258 × 208 cm
10 kg
Temps de réalisation : 4 semaines par 3 personnes
Organza de coton blanc (85% coton - 15% polyester)
Design : Maurizio Galante
Editeur : Elettra Domus

Bedspread, 2010
put in position
258 × 208 cm
10 kg
Production time:
4 weeks by 3 people
White cotton organdie (cotton 85% - polyester 15%)
Design: Maurizio Galante
Edited by Elettra Domus

Croquis de l'installation d'une des vitrines du Ministère de la Culture et de la Communication, place du Palais Royal, Paris, 2008.

Portrait de Yael Reich portant le manteau haute couture Drago en organza de soie à motifs triangulaires répétitifs coupés et cousus, 1994.
Page de droite : croquis destiné à l'atelier.

Original sketch for the window display installation at the Ministry of Culture and Communication, , place du Palais Royal, Paris, 2008.

Portrait of Yael Reich wearing Drago couture silk organza coat with cut and stitched repetitive triangular motifs, 1994.
Right page: original sketch for the workshop.

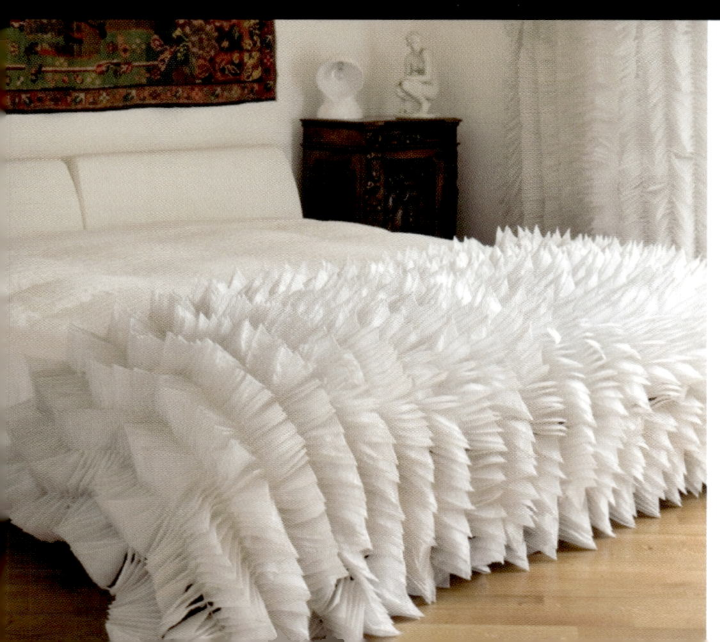

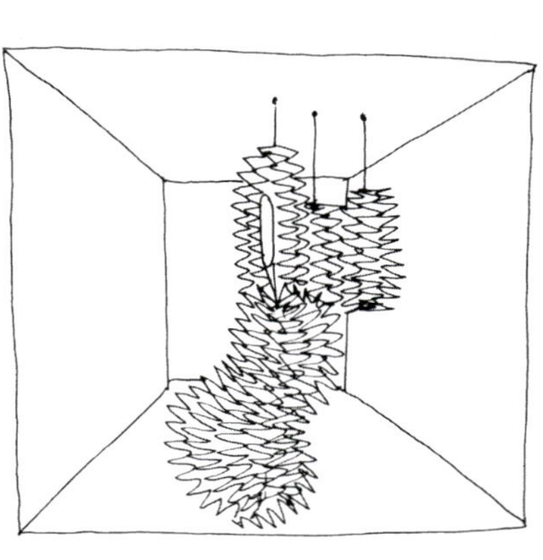

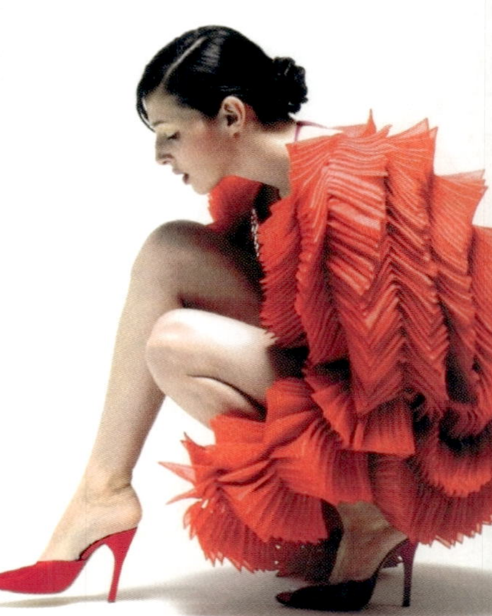

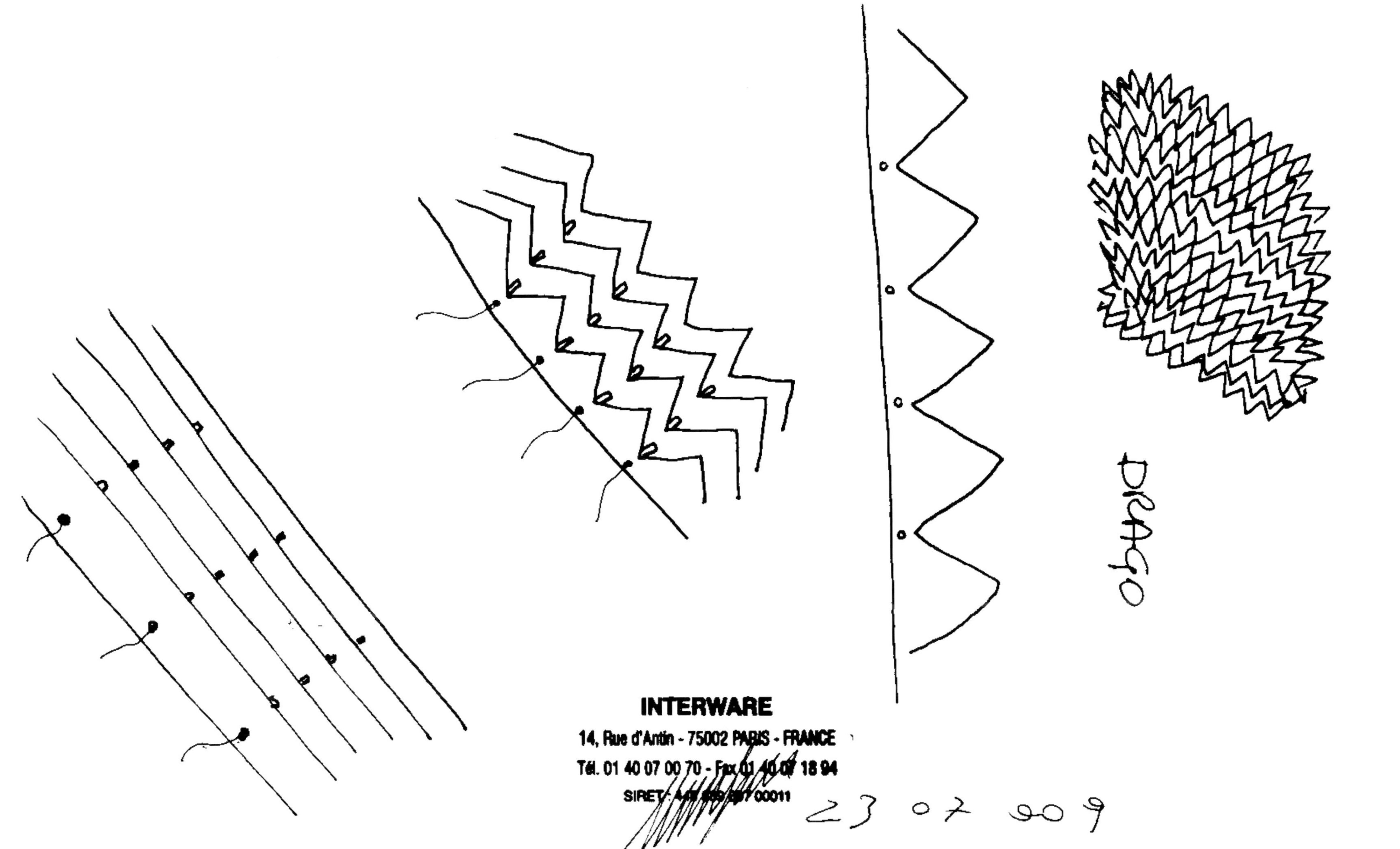
DRAGO
INTERWARE
14, Rue d'Antin - 75002 PARIS - FRANCE
Tél. 01 40 07 00 70 - Fax 01 40 07 18 94
23 07 009

C'est la première collaboration entre Maurizio Galante et Tal Lancman, à l'occasion d'un article intitulé *INTERWARE* paru dans *View Textile* (n° 48), Tal Lancman demande au couturier Maurizio Galante de concevoir des objets pour illustrer le concept d'INTERWARE. Il ne s'agit pas tant de montrer des vêtements que des objets qui fondent le concept de design transversal : habiller des meubles, des luminaires, créer un kit à cheveux et même élaborer des « couture food ».

Il est question d'habiller une ampoule standard avec une robe couture tissée de fils métalliques dans les ateliers italiens de Maurizio Galante. Il existe une version lisse, bien coiffée et une version libre, coupe afro.

Cet objet lie la banalité quotidienne à la singularité du « fait main ». Habilement, la robe unique revêt une notion durable. On la déshabille de l'ampoule usagée pour en rhabiller une nouvelle.

This is the first collaboration between Maurizio Galante and Tal Lancman. On the occasion of an article entitled *INTERWARE* that appeared in View Textile magazine, (issue 48), Tal Lancman asked the fashion designer Maurizio Galante to create objects to illustrate the concept of INTERWARE. It is not so much a question of showing clothes, but objects based on the concept of transversal design: dressing furniture, lamps, creating a hair kit, and even elaborating "Couture food".

It is a question of dressing a standard light bulb with a couture gown woven of metallic wires in the Italian ateliers of Maurizio Galante. There is a smooth, fine combed version and a loose, Afro-cut version.

This object connects the banality of the everyday to the singularity of the "handmade". Cleverly, the unique dress assumes a durable notion. We undress the used light bulb to dress a new one.

Carnet de croquis cousu à la main.
Page de droite : robe d'ampoule « Vapore » en fil d'inox crocheté à la main.

Hand-made sketchbook.
Right page: light bulb dress "Vapore" in stainless steel crocheted hand-made.

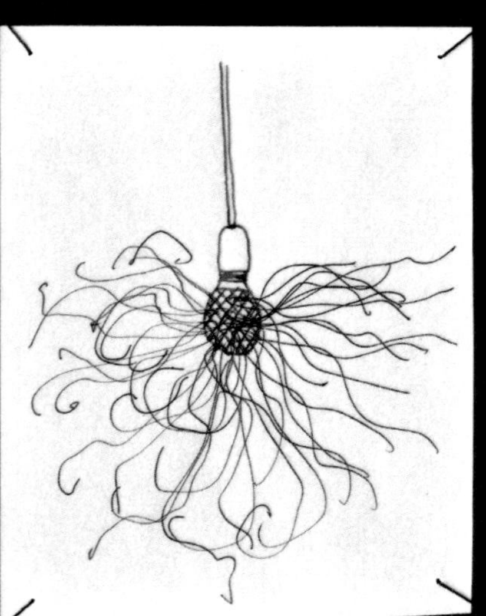

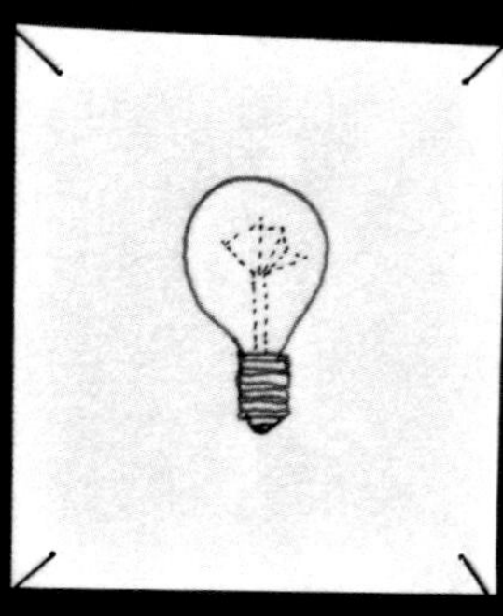

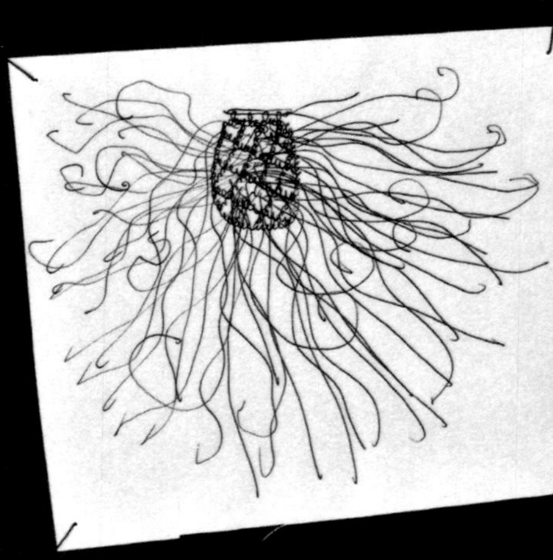

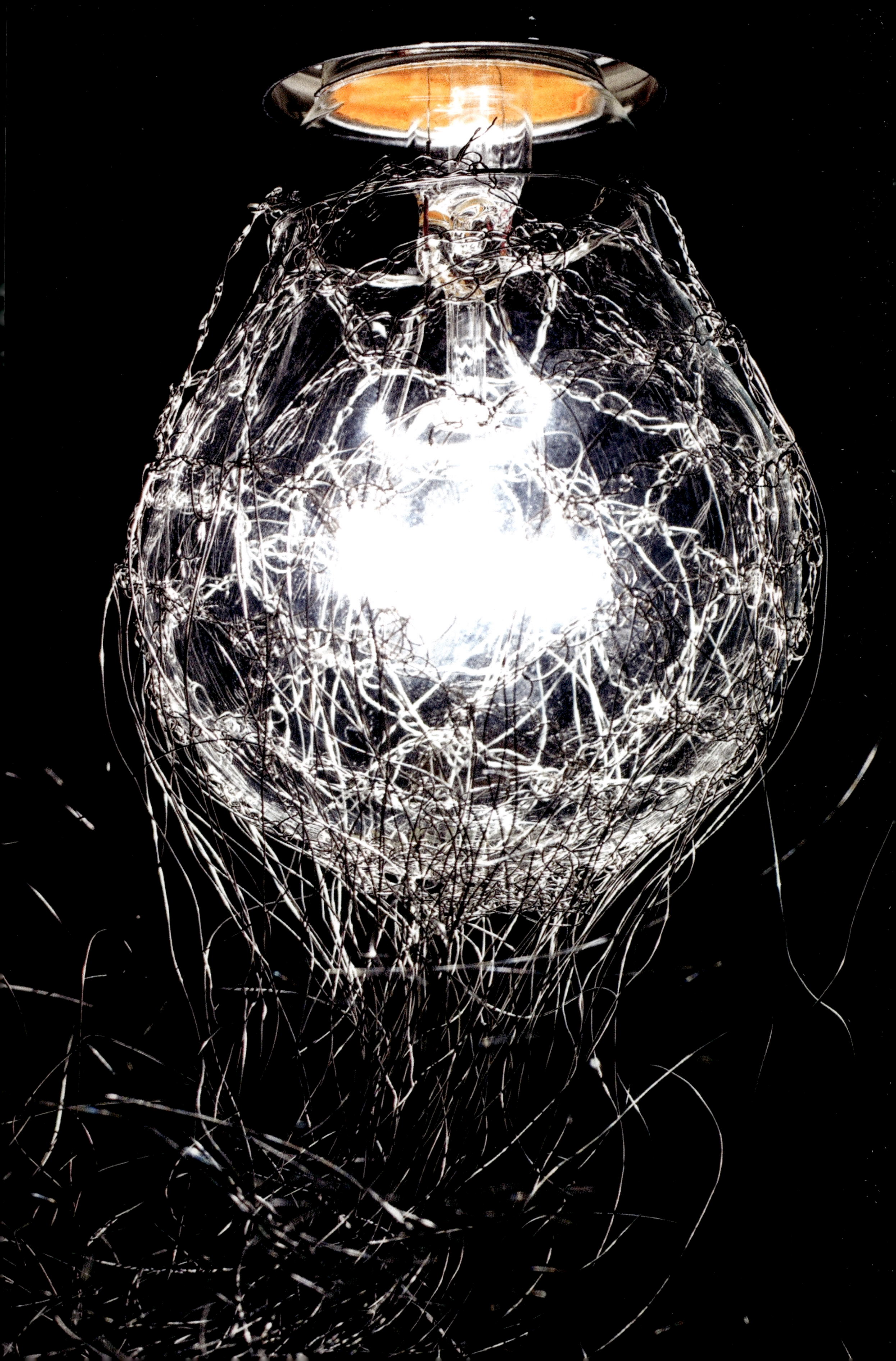

AMPOULE ITHEMBA

edited by **Ithemba**

Ithemba signifie « espoir » en Xhosa, une des 11 langues parlées en Afrique du Sud.
Depuis sa création en 2002 Ithemba développe des activités artistiques en Afrique australe soutenant des personnes affectées par le VIH/Sida et luttant contre la stigmatisation liée au virus.
Ithemba a développé son concept de design solidaire autour d'un objet phare, une ampoule décorée réalisée par des femmes de l'association Wola Nani vivant dans les *townships* entourant la ville du Cap en Afrique du Sud, activité qui leur assure un revenu régulier.
Ce projet a pu se pérenniser grâce à un événement médiatique organisé en collaboration avec *Dessine l'Espoir* : *La Mode Dessine l'Espoir*. En 2003, plus de soixante créateurs de mode de renommée internationale ont accepté de dessiner une ampoule et de céder tous leurs droits. Ithemba a ensuite réalisé des prototypes pouvant être produits en série.

Lors de la première édition en 2003 de *La Mode dessine l'Espoir*, le BHV (Bazar de l'Hôtel de Ville, grand magasin parisien) a soutenu le projet en offrant une campagne d'affichage au moment de Noël : deux modèles sont choisis, la lampe de Vivienne Westwood et celle de Maurizio Galante. Cette dernière fait partie des pièces les plus vendues.
Ce qui séduit Maurizio Galante dans ce projet, c'est surtout le travail d'interprétation de la femme qui réalise et signe l'ampoule.

Ithemba means "hope" in Xhosa, one of the 11 languages spoken in South Africa.
Since its inception in 2002, Ithemba has developed artistic activities in Southern Africa in support of people affected by HIV/AIDS and fighting against the stigma attached to the virus.
Ithemba has developed its design concept around a flagship object, a decorated light bulb made by women from the Wola Nani association living in the townships around Cape Town in South Africa, an activity that ensures them a steady income.
This project was made possible thanks to a media event organised in collaboration with *Dessine l'Espoir*: *La Mode Dessine l'Espoir*. In 2003, more than sixty internationally renowned fashion designers agreed to design light bulbs and to donate all their rights. Ithemba then made prototypes that could be mass-produced.

From the first edition in 2003 of *La Mode dessine l'Espoir*, the BHV (Bazar de l'Hôtel de Ville, department store of Paris) supported the project with a poster campaign at Christmas: two models were chosen, Vivienne Westwood's lamp and that of Maurizio Galante. The latter was one of the best selling pieces.
What seduced Maurizio Galante into the project was primarily the interpretation work of the women who would make and sign the light bulb.

Ampoule hérisson multicolore, 2003
Pâte de verre multicolore collée sur ampoule
Design : Maurizio Galante
Edition : Ithemba

Multicoloured hedgehog light bulb, 2003
Multicoloured glass paste stuck on a light bulb
Design: Maurizio Galante
Edited by Ithemba

Ampoule hérisson rouge (édition limitée), 2010
Pâte de verre rouge collée sur ampoule
Design : Maurizio Galante
Edition : Ithemba

Red hedgehog light bulb (limited edition), 2010
Red glass paste stuck on a bulb
Design: Maurizio Galante
Edited by Ithemba

Ampoule Riccio (édition limitée), 2010
Perles tubulaires et rondes en verre collées sur ampoule
Design : Maurizio Galante
Edition : Ithemba

Riccio light bulb (limited edition), 2010
Glass tubular pearls stuck on a bulb.
Design: Maurizio Galante
Edited by Ithemba

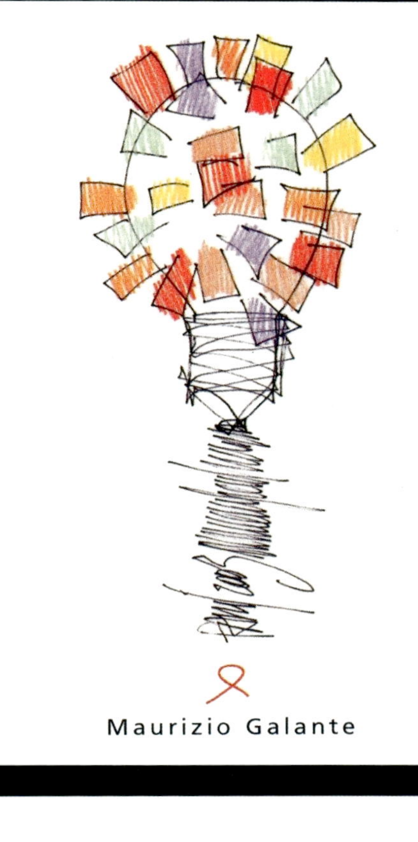
Maurizio Galante

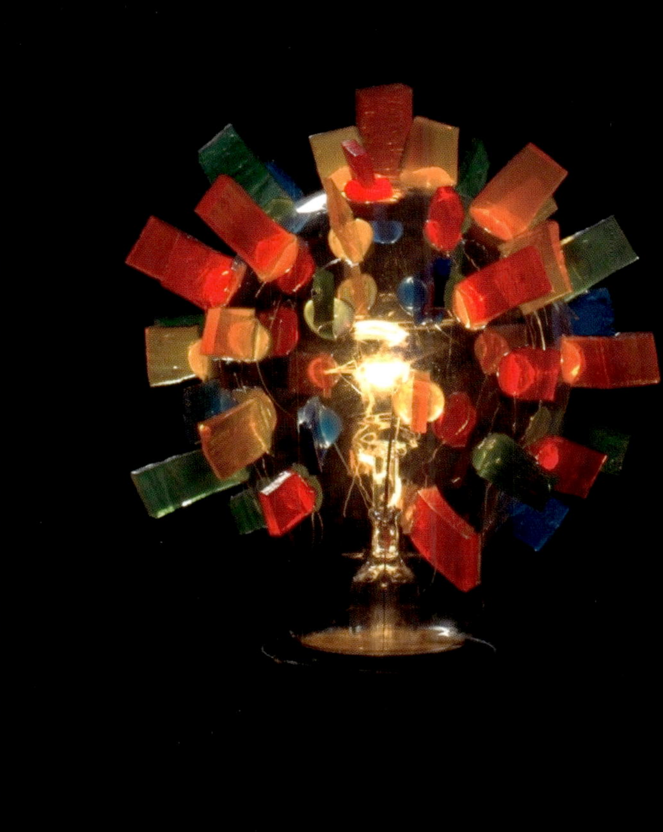

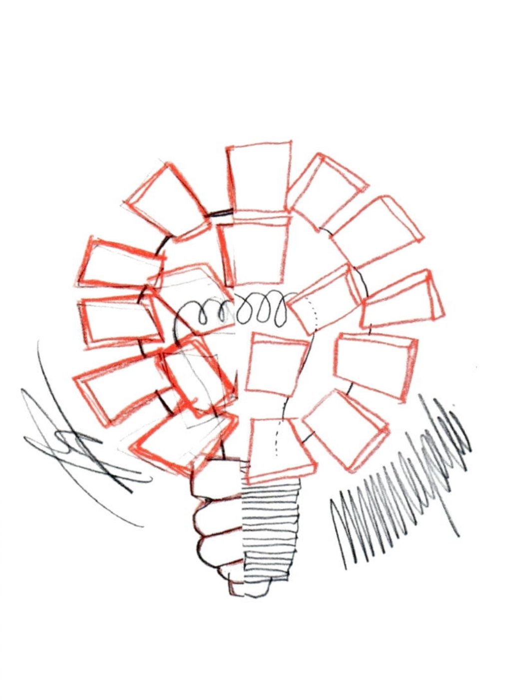

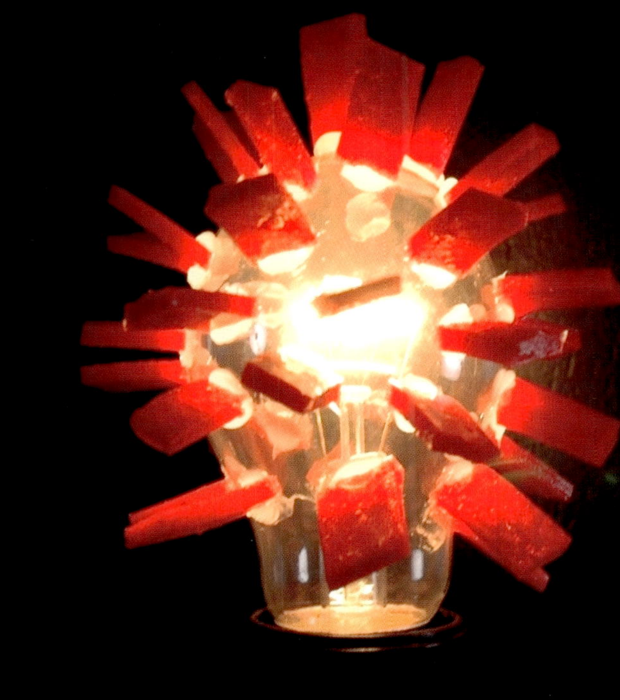

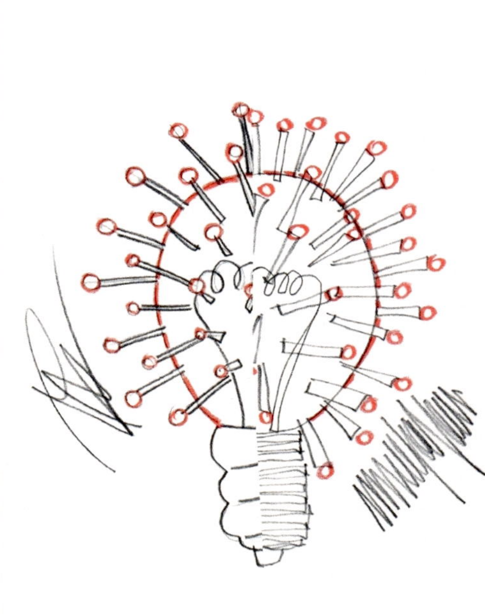

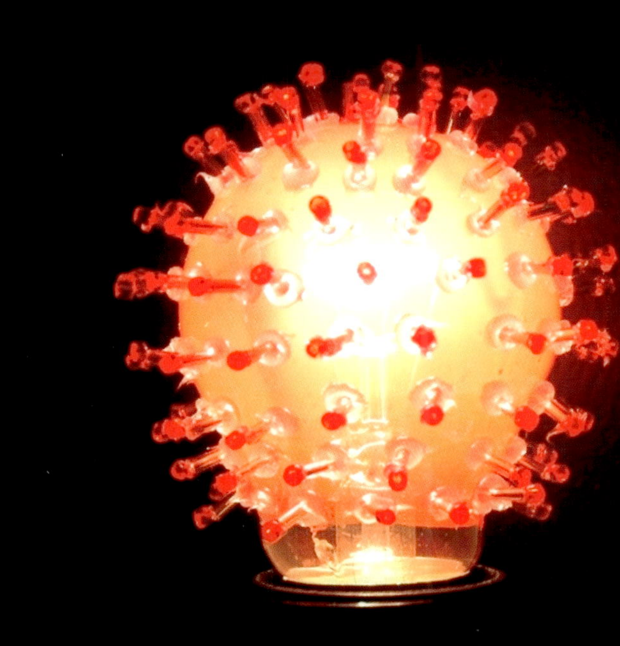

A l'occasion de la parution de la première monographie de Maurizio Galante, un objet-livre, en version limitée à 111 exemplaires numérotés et signés, est conçu.
Deux parties se distinguent. La première moitié de l'ouvrage enchâsse un vêtement miniature reproduisant à l'échelle 1/5 de manière fidèle un vêtement haute couture. La seconde moitié renferme la vision personnelle de photographes de renom de ce vêtement en taille réelle.
L'objet-livre est entièrement façonné à la main dans l'atelier couture de Maurizio Galante ; chaque photographie est cousue directement sur la page. Ce livre couture est vendu dans sa boîte de plexi transparent.

On the occasion of Maurizio Galante's first monograph publication, a book-object has been designed in a limited edition of 111 numbered and signed copies.
There are two aspects to the design. The first part of the work features a miniature garment faithfully reproducing an haute couture design on a 1:5 scale. The second element includes the personal vision of renowned photographers of the original garment to scale.
The book-object is entirely handmade in Maurizio Galante's atelier; each photograph is stitched directly onto the page. The couture book is sold in its own transparent plexiglas box.

Croquis du chemin de fer
et de l'objet-livre
30 × 9 × 42 cm

Page de doite :
photographie du prototype.

Original sketch of the
contents and book objects
30 × 9 × 42 cm

Right page: picture
of prototype.

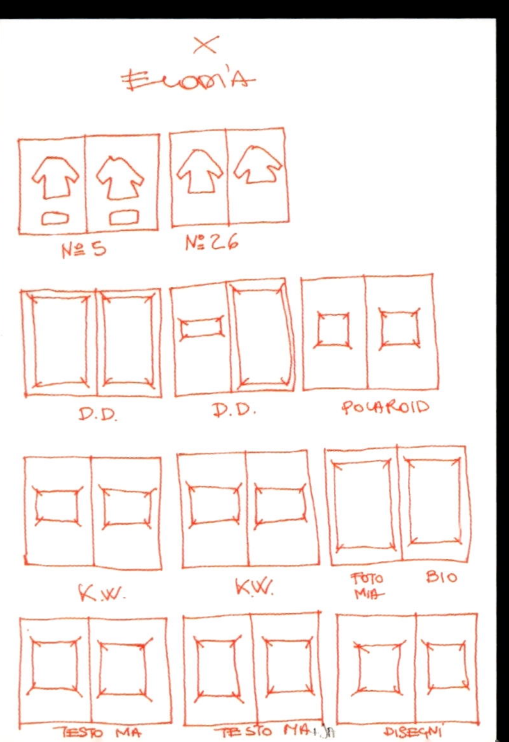

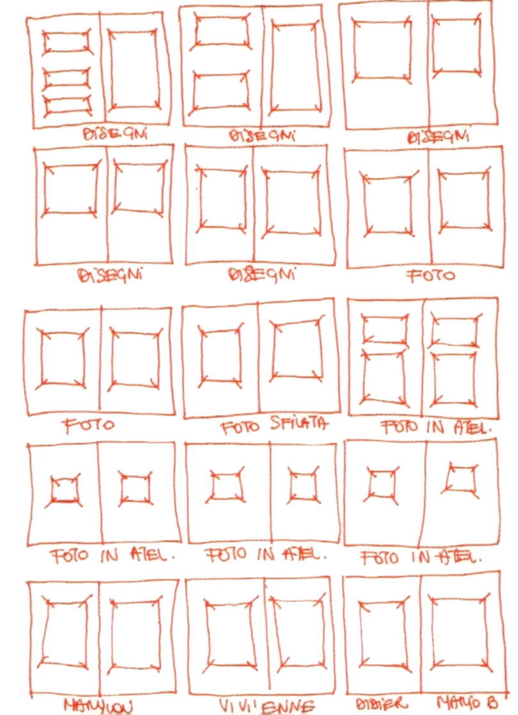

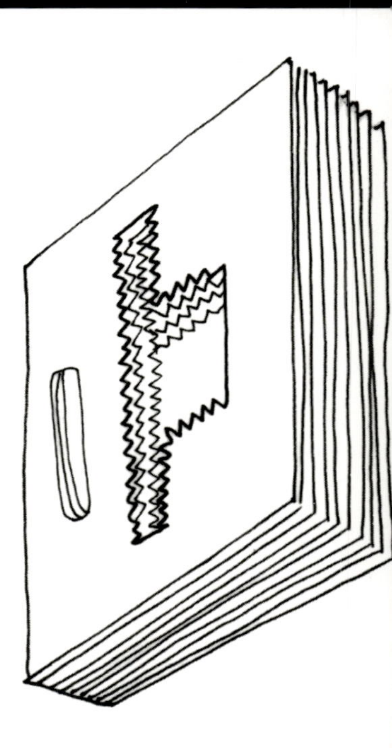

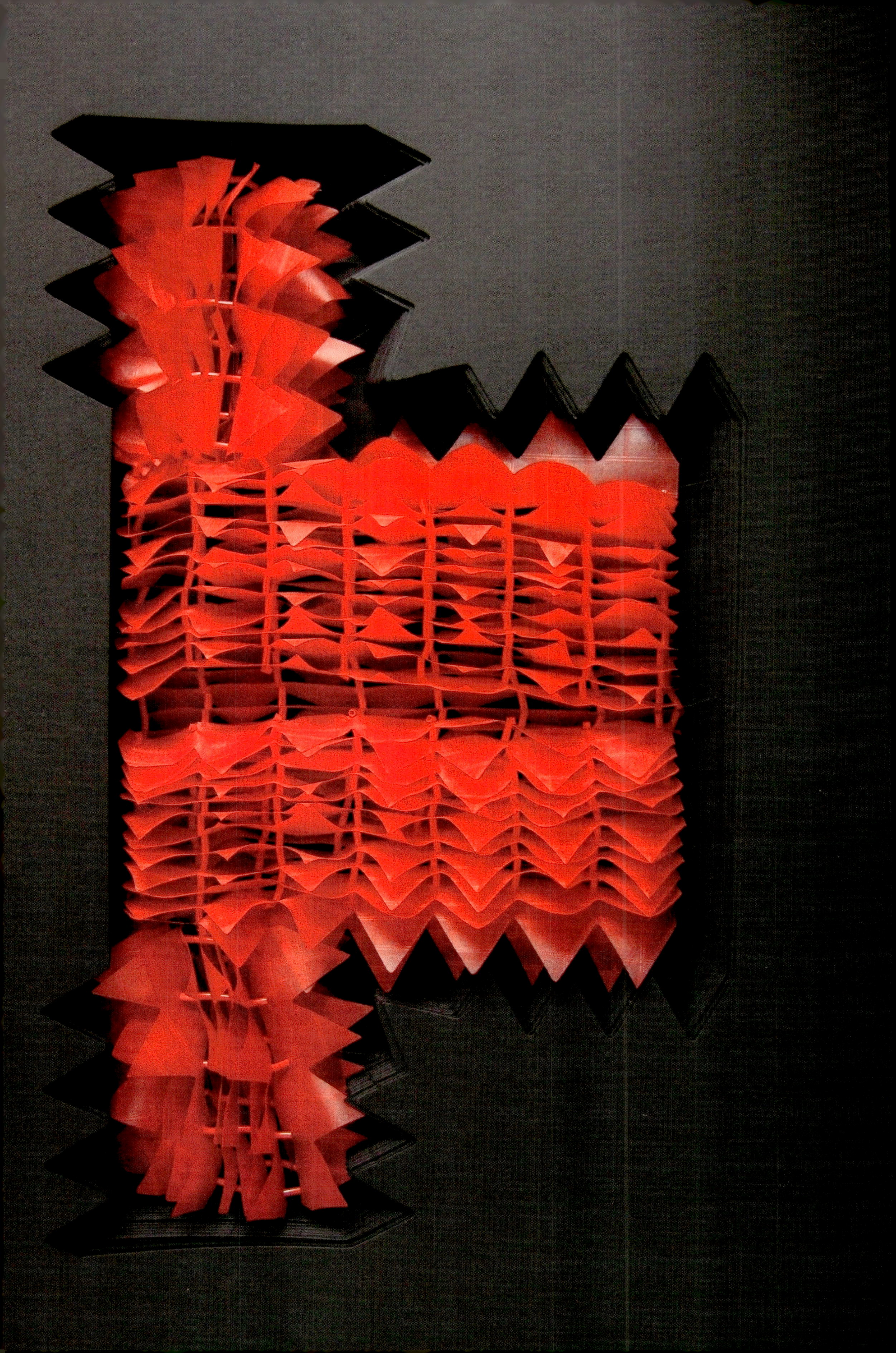

MUDAM BOUTIQUE ET MUDAM CAFÉ

Maurizio Galante et Tal Lancman ont été invités comme « curators » en 2001 par Marie-Claude Beaud, alors directrice du MUDAM, musée d'Art Moderne Grand Duc Jean à Luxembourg afin de participer à la mise en oeuvre originale de l'espace commercial et du restaurant du Musée. Le concept se place résolument à part dans les habitudes muséales. Le MUDAM pensé par Marie-Claude Beaud explore une approche nouvelle du rôle d'un musée d'art contemporain au XXIe siècle.

« Curators design & food » pour l'occasion, en charge du contenu de la boutique et du concept de restauration, les deux designers mettent en place une véritable stratégie d'éveil des sens. La boutique est pour eux un espace expressif qui a sa propre âme. Produits de leur temps, les objets élus ont cette aptitude magique à nous transporter dans un espace-temps nouveau. Explorant à leur manière l'universalité du beau, Maurizio Galante et Tal Lancman jettent un regard bienveillant sur le quotidien, là où le banal se révèle exceptionnel. Ils signent des éléments graphiques : papier emballage, papier mural, « a seasonal suggestion », petit catalogue d'achat mensuel, menu... et MU, la mascotte du Musée.

Pour le restaurant, ils partent du territoire et de ses recettes pour élaborer des menus saisonniers. Par ailleurs, Maurizio Galante et Tal Lancman invitent des artistes, architectes et designers à imaginer des objets culinaires. Un sandwich en forme de tête de veau par Gaetano Pesce, un chocolat plissé signé Roberto Capucci, une pelote de pâte d'amandes multicolores par Angela Missoni ou encore un flan en forme de citrouille à pois de Yayoi Kusama.

Maurizio Galante and Tal Lancman were invited as Curators in 2001 by Marie-Claude Beaud, the then director of MUDAM, Musée d'Art Moderne Grand Duc Jean in Luxembourg, to participate in the original implementation of the Museum's store and restaurant. The concept they proposed was completely different to anything customary in museums' commercial spaces. Marie-Claude Beaud explored a new approach to the role of a contemporary art museum in the 21st century.

As "Design & Food Curators", in charge of both the concept and content of the museum store and restaurant, the two designers prepared an authentic strategy of sensory stimulation. For them, the shop is an expressive and soulful space. Products of their time, the selected objects have that magical aptitude to transport us to a new space-time. Exploring the universe of beauty in their own way, Maurizio Galante and Tal Lancman cast a benevolent glance on the everyday, where the commonplace is revealed as exceptional. They designed graphical elements, including wrapping paper, wallpaper, "a seasonal suggestion", a small monthly catalogue of products, the menu... and MU, the Museum mascot.

For the museum's restaurant, they drew from the locale and its regional cuisine as a base from which to develop the seasonal menus. Maurizio Galante and Tal Lancman invited artists, architects, and designers to imagine culinary items. A sandwich in the shape of a calf's head by Gaetano Pesce, a pleated chocolate by Roberto Capucci, a ball of multicolored almond paste by Angela Missoni, and even a pumpkin-shaped polka-dotted flan by Yayoi Kusama.

« La boutique est un vecteur où exprimer une philosophie et des valeurs. Elle est devenue nomade. On a pu construire ce travail de recherche avec Tal et Maurizio : considérer la boutique comme un lieu où on pouvait trouver des choses vraiment exceptionnelles. Ils ont la capacité de choisir des objets rares dans le monde entier. Ils ont une vraie stratégie ! On a ri comme des fous. Ils ont ce sens des matières, des couleurs, de l'histoire... »
Marie-Claude Beaud, directeur général 2000-2008.

« Leur façon de sélectionner les objets était généreuse. Il y avait toujours une histoire derrières ces objets... Je devais transmettre au public leur message. »
Mélanie Meyer, responsable de la boutique du musée.

"The store and the restaurant provided us with venues for expressing the museum's values and philosophy. We were able to conduct this research with Tal and Maurizio: to consider the boutique as a place where one could find truly exceptional things. They are able to source and select rare objects from all over the world. They have a real strategy! We laughed ourselves silly. They have this sense of materials, of colours, of history..."
Marie-Claude Beaud, General Director 2000-2008.

"Their way of choosing objects was generous. There was always a story behind these objects... My challenge was to transmit their message to the public."
Mélanie Meyer, head of the museum shop.

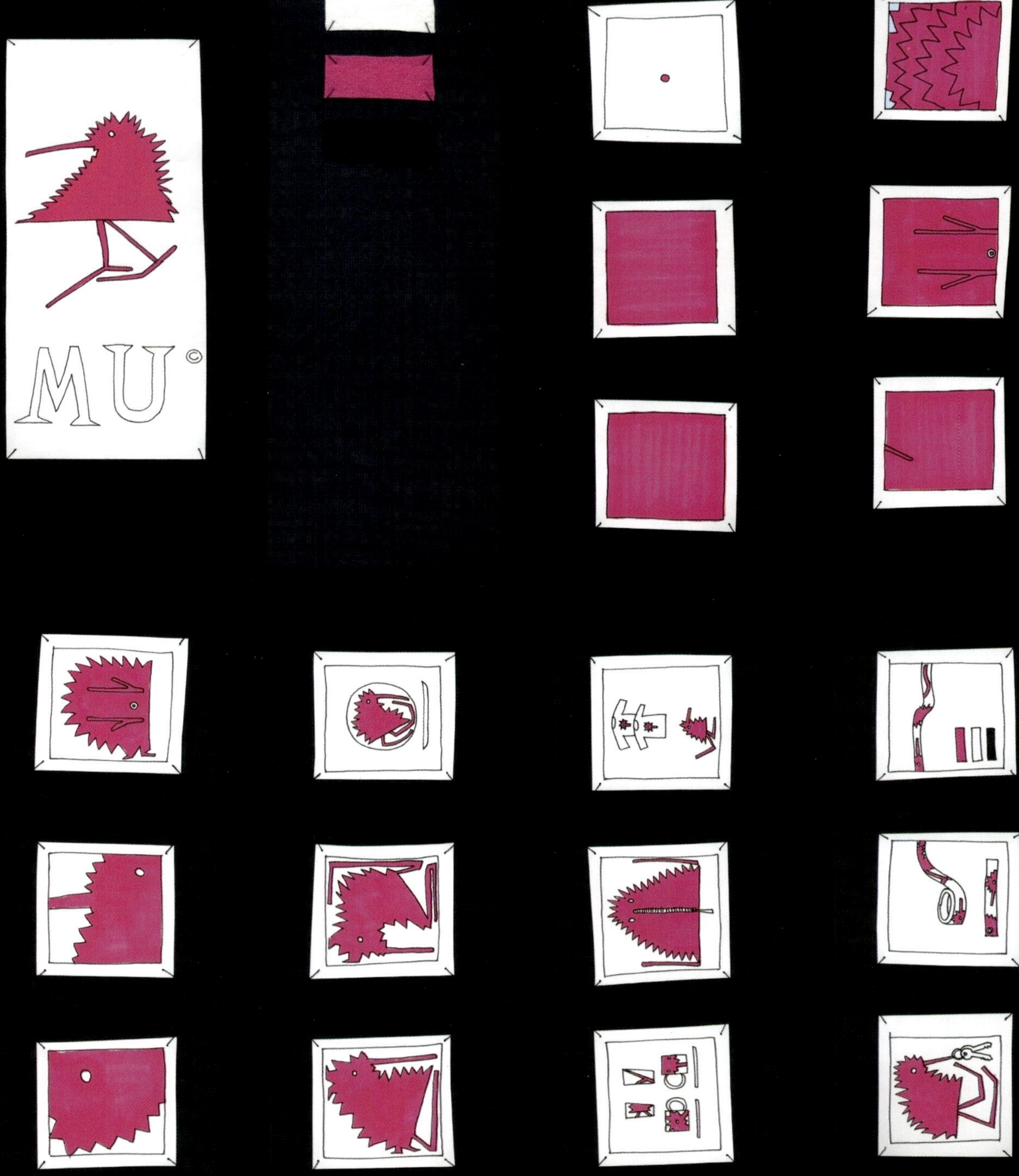

Carnet de croquis cousu à la main illustrant la naissance de la mascotte MU©.

Hand-made sketch book: the mascot Mu's birth.

Pages suivantes : à gauche, extrait du carnet « Seasonnal Suggestion » ; à droite, couverture du menu et objets culinaires commandés par Maurizio Galante et Tal Lancman pour le restaurant : sandwich tête de veau dessiné Gaetano Pesce, minestrone Mafalda par Maurizio Galante, chocolat plissé par Roberto Capucci, pelote de pâte d'amande par Angela Missoni.

Following pages: left, "Seasonal Suggestion" book; right, menu coverage and culinary items ordered by Maurizio Galante and Tal Lancman: sandwich in the shape of a calf's head by Gaetano Pesce, a Mafalda minestrone by Maurizio Galante, a pleat chocolate by Roberto Capucci, a ball of multicoloured almond paste by Angela Missoni.

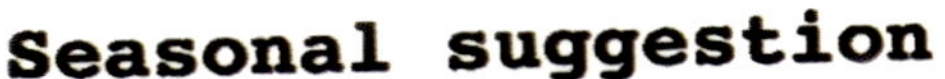

Seasonal suggestion

MUDAM`s store and restaurant
Proposed by
Maurizio Galante and Tal Lancman

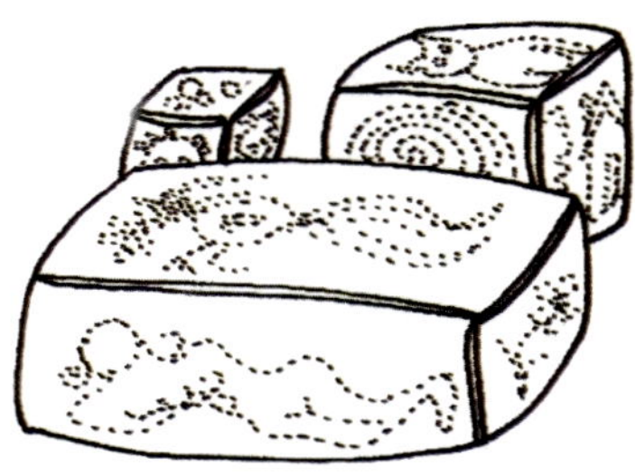

« Pouf Attitude »
Poufs and cushions
Frédérique Morrel
France
Antique tapestries, wood, metal,

Morrel`s message, 'House of Redemption', giving a second life to kitsch antique tapestries, found at flea markets and garage sales. The artist creates objects that have more than merely decorative value, they are thought-provoking, and have substantial presence.

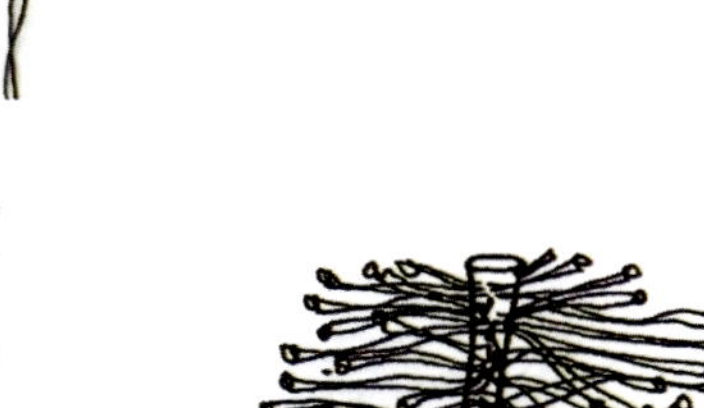

Hidden.MGX
Dan Yeffet
France
Vase

Polyamide (Nylon)
Produced by MGX, the Hidden Collection is a limited series of 'plantes de synthese', designed by Dan Yeffet from JellyLab, and exclusively conceived for MUDAM.

The process of rapid prototyping by selective laser sintering, or SLS, materialises volumes as complex as organic structures. Hidden is the outcome of the meeting of the designer's imagination and the immense scope offered by this technology. During the production process, the object literally grows out of nylon powder. The sculptural vein-like structure of Hidden is a metaphor of a plant roots' growth. In the heart of the organized entanglement of sculptured roots, lies a hidden vase.

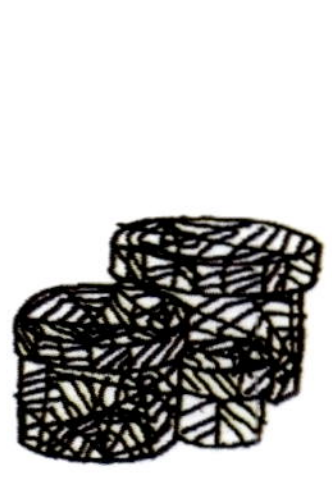

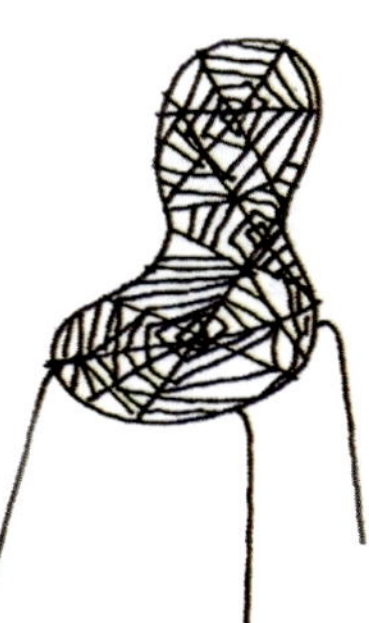

Box, chair, stool
Félicité
France
Wire
Metallic wire is interwoven on various types of armatures. These frames may be custom made by the designer, or ready-made items. Starting with a flexible element, Félicité works to obtain rigid, solid volumes. Baroque, yet light and airy, she creates intricate structures, with a play of transparency and shadows.

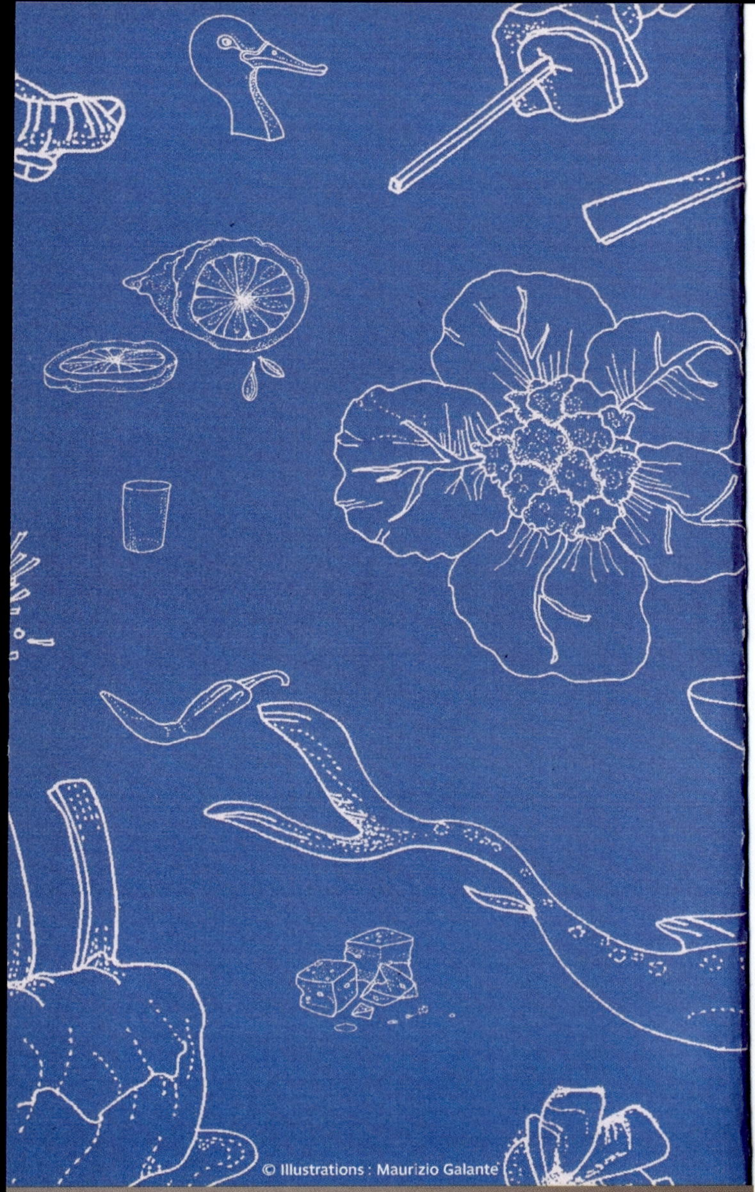

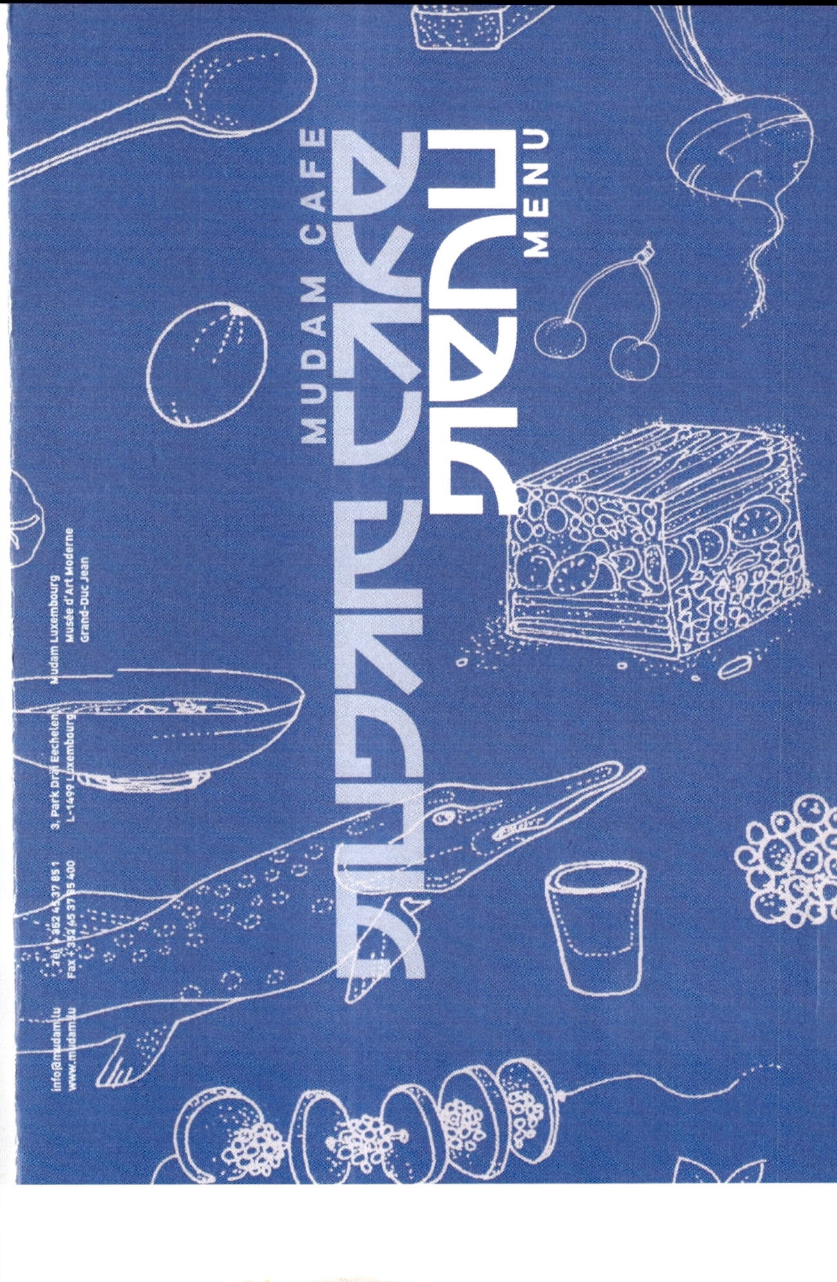

© Illustrations : Maurizio Galante

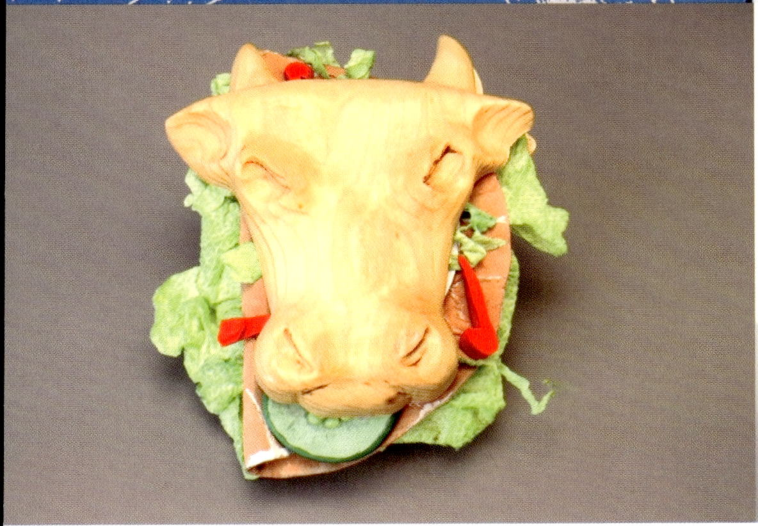

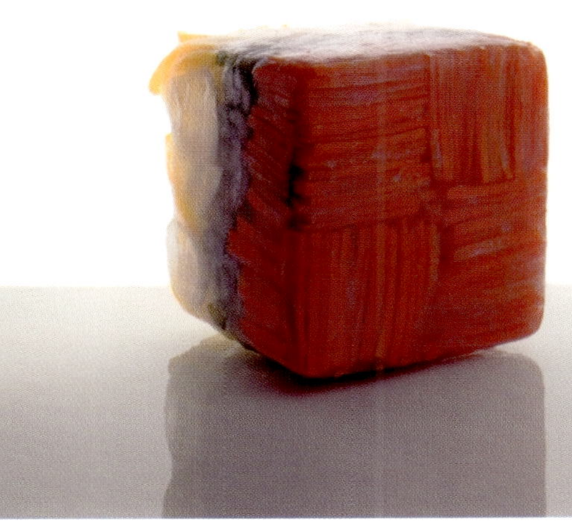

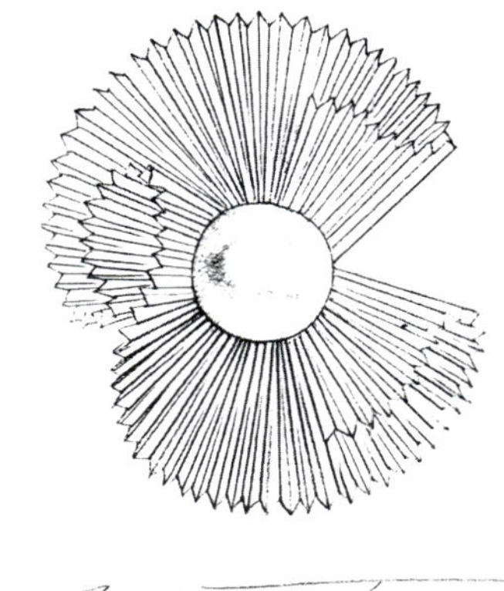

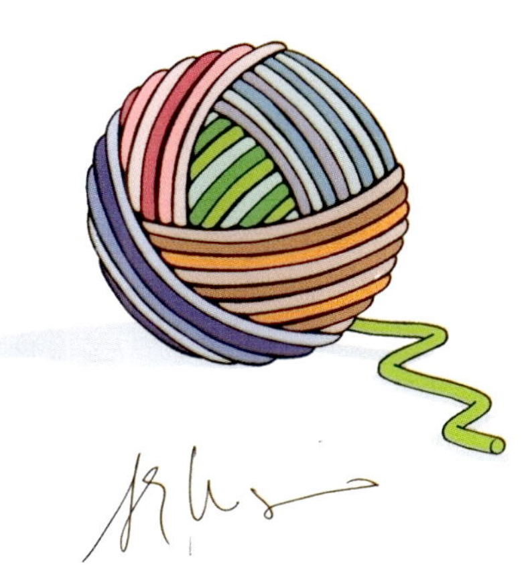

600

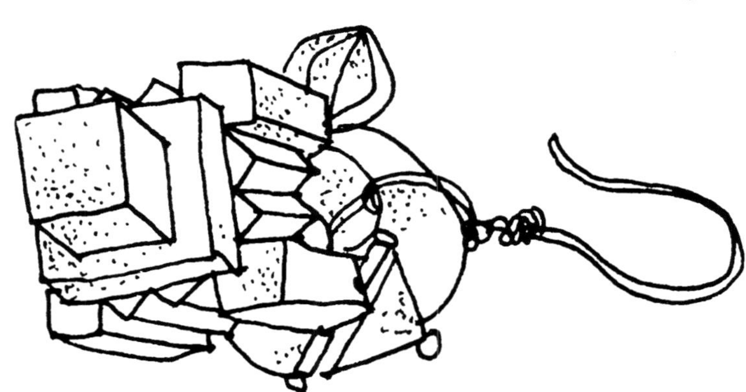

NAME:

THANDATTI

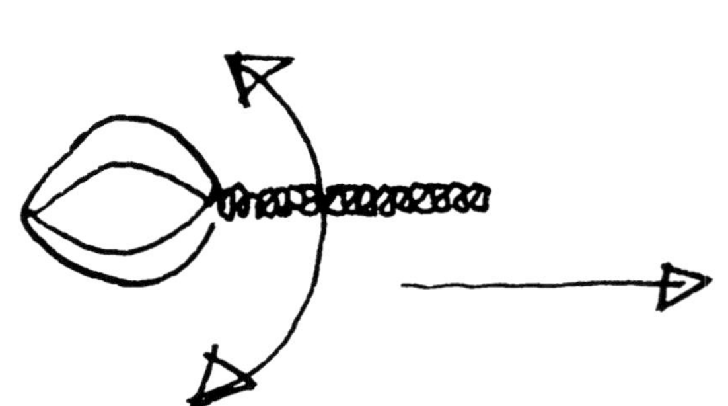

COUNTRY:

TAMIL NADU
INDIA

APPROXIMATE DATE:

1940

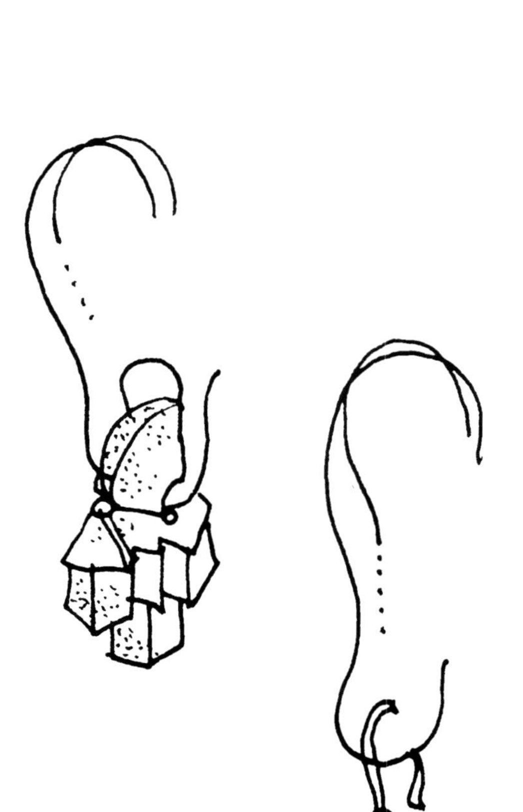

MATERIAL:

GOLD

AVAILABLE ITEM:

1 PAIR

1200

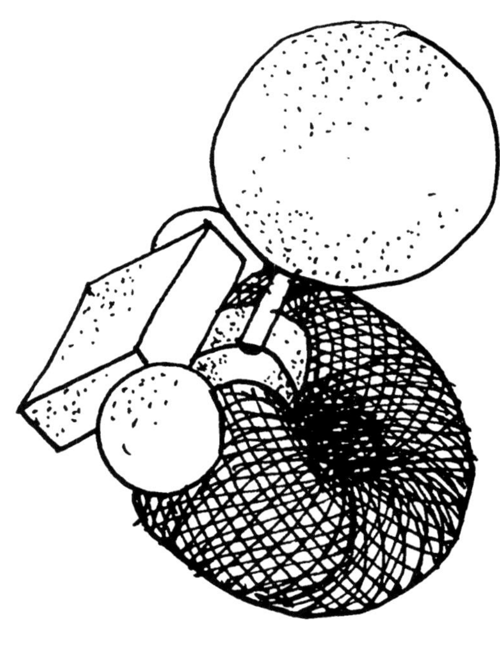

NAME:
MUDICHU

COUNTRY:
TAMIL NADU
INDIA

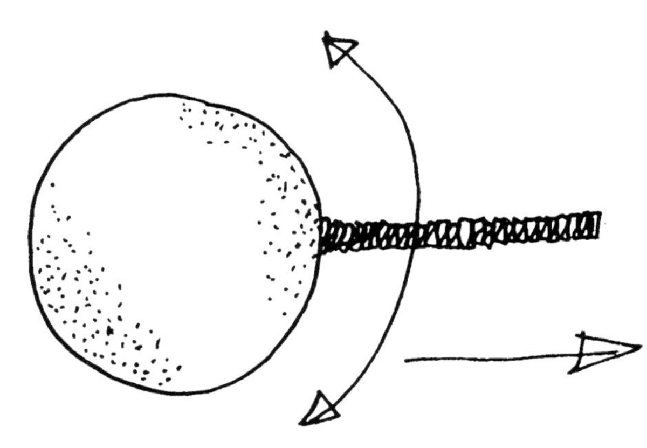

APPROXIMATE DATE
1940

MATERIAL:
GOLD

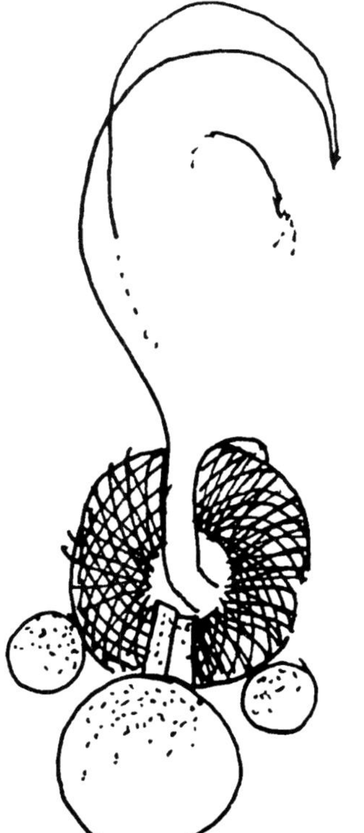

AVAILABLE ITEMS:
1 PAIR

Dessin de l'outil de travail destiné à l'équipe de l'espace commercial.

Worktool drawn in the hand for the team of the museum store.

Bâties à partir d'une plaque industrielle perforée et courbée, des moelleuses boules de cuir couleur acier sont nouées à la main et maintenues par des anneaux en chrome.
L'assise y est rebondissante, douillette de façon inattendue. Le métal froid contraste avec la chaleur du cuir. En parfaite symbiose, la peau habille le métal, l'artisanal rejoint l'industriel.

Constructed from a perforated and bent industrial plate, soft steel coloured leather balls are hand tied and fixed by chrome rings.
The seat is bouncy, and unexpectedly cosy. The cold metal contrasts with the warmth of the leather. In perfect symbiosis, the leather dresses the metal, artisan meets industrial.

Croquis originaux destinés à l'atelier.
Page de droite : fauteuil présenté lors du Salon du meuble à Milan, 2007.

Fauteuil, 2007
75 × 107 × 87 cm
Structure métal peint perforée de 430 trous
230 boules de fibre synthétique recouverte de cuir noué à la main d'anneaux en chrome
Design : Maurizio Galante
Editeur : Mussi Italy

Original sketches for the workshop.
Right page: armchair presented at Milan Furniture Fair, 2007.

Armchair, 2007
75 × 107 × 87 cm
Painted metal structure perforated with 430 holes
230 balls of synthetic fibre covered with leather hand-tied to chrome rings
Design: Maurizio Galante
Edited by Mussi Italy

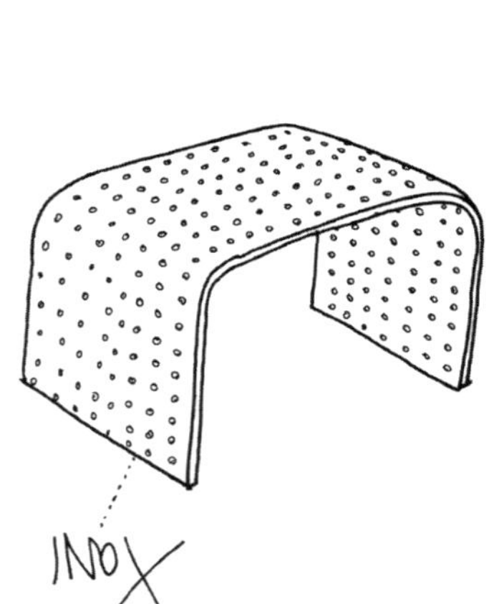

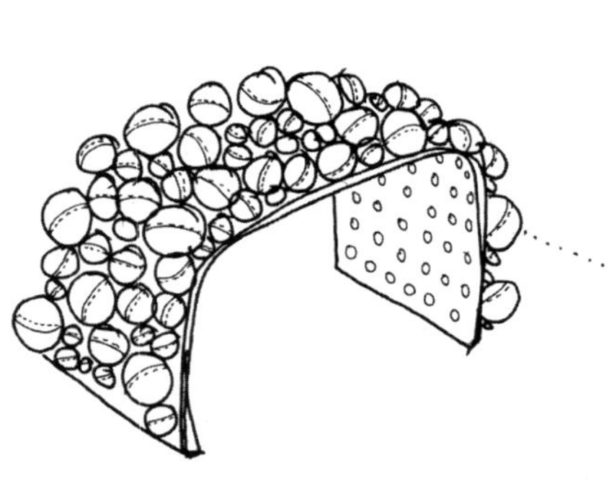

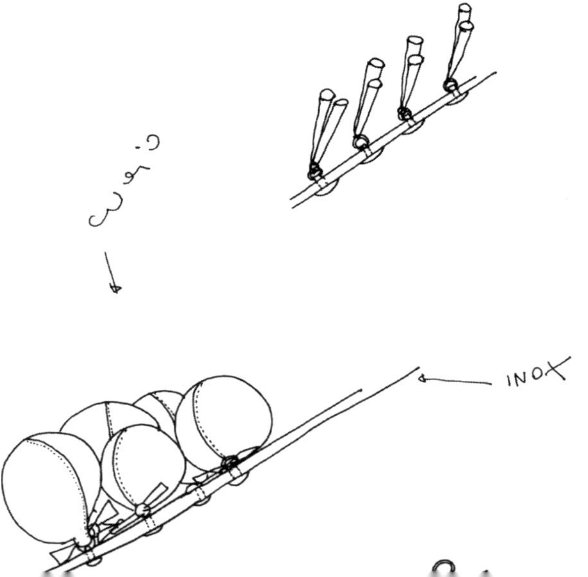

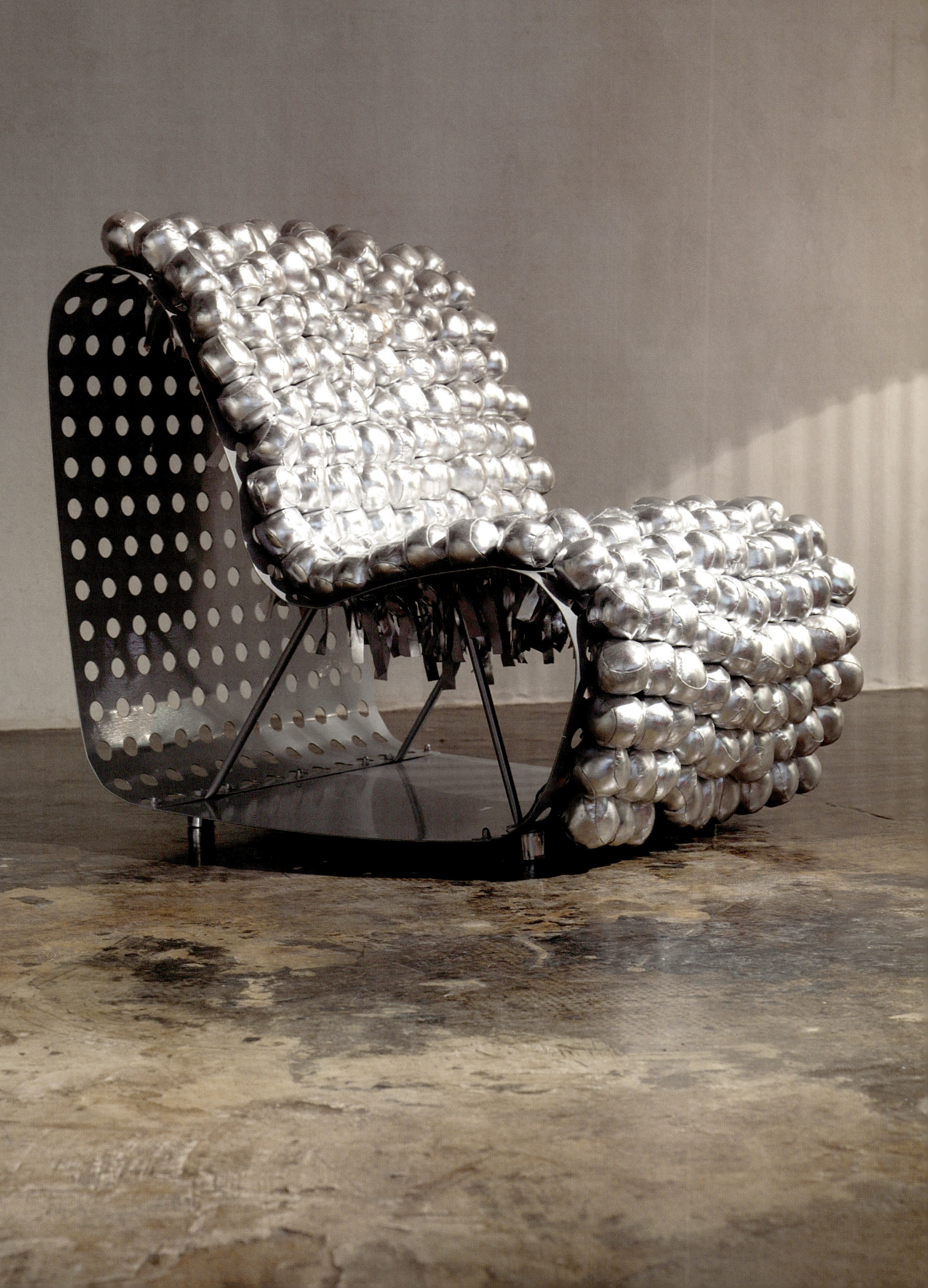

Cette association de table et chaises amuse autant qu'elle émeut. La structure simple, industrielle en métal fin, perforée de 2964 trous pour la table et de 364 trous pour la chaise, laisse place à de longs fils plastiques enfilés à la main.
Sa couleur puissante attire le regard, sa structure pénétrante détourne l'attention. Le dessous de table est plus que jamais le théâtre de jeux amoureux discrets et passionnés. Le nom *Flirt* raconte cette histoire. Jeu d'illusion et d'allusion : la table flotte dans l'air, dans l'air flottent quelques non-dits…

This association of table and chair amuses as much as it emotes. The simple structure of industrial fine metal is perforated by 2964 holes for the table and 364 for the chair, through which thick plastic thread is hand strung.
Its powerful colour catches the eye, and its penetrating structure distracts. The underside of the table is more than ever the theatre of discrete and passionate foreplay. Its name *Flirt* tells this story. A game of illusion and allusion: the table floats in the air, some unspoken words float in the air…

Croquis originaux destinés à l'atelier.
Page de droite: table et chaise présentées lors du Salon du meuble à Milan, 2007.

Table, 2007
97 × 197 × 73 cm
Structure en acier peint percée de 2964 trous
2223 m de fils plastiques

Chaise, 2007
38 × 50 × 76 cm
Structure en acier peint percée de 364 trous
255 m de fils plastiques
Design : Maurizio Galante
Editeur : Mussi Italy

Original sketches for the workshop.
Right page: chair and table presented at MIlan Furniture Fair, 2007.

Table, 2007
97 × 197 × 73 cm
Painted steel structure perforated with 2964 holes
2223 m of plastic thread

Chair, 2007
38 × 50 × 76 cm
Painted steel structure perforated with 364 holes
255 m of plastic thread
Design: Maurizio Galante
Edited by Mussi Italy

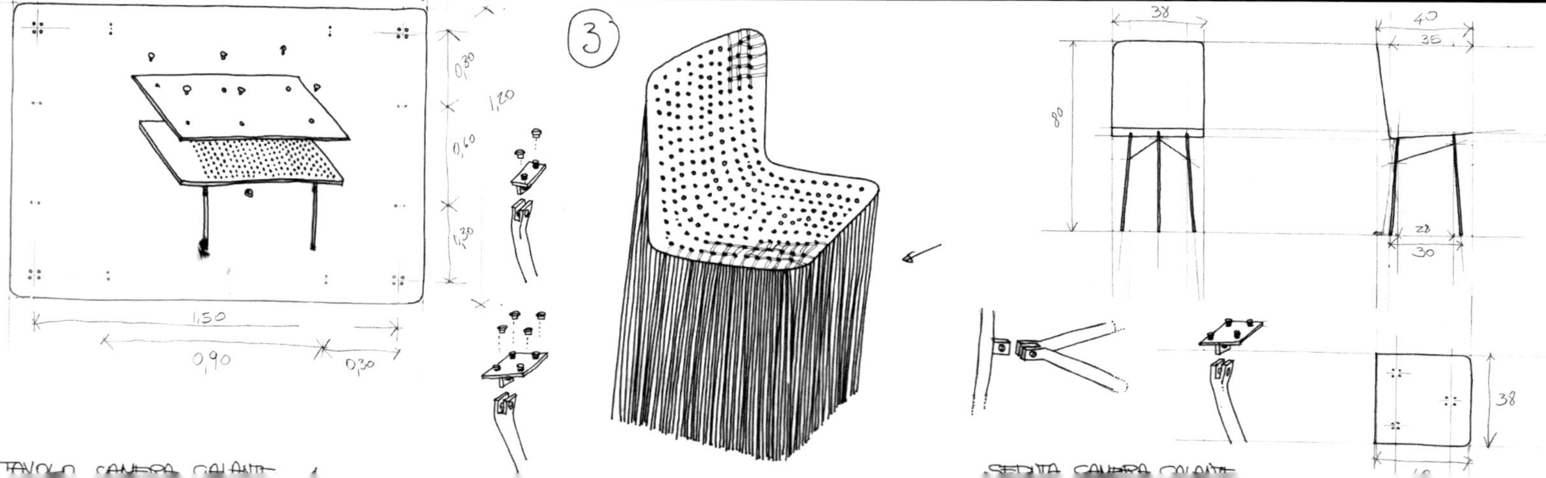

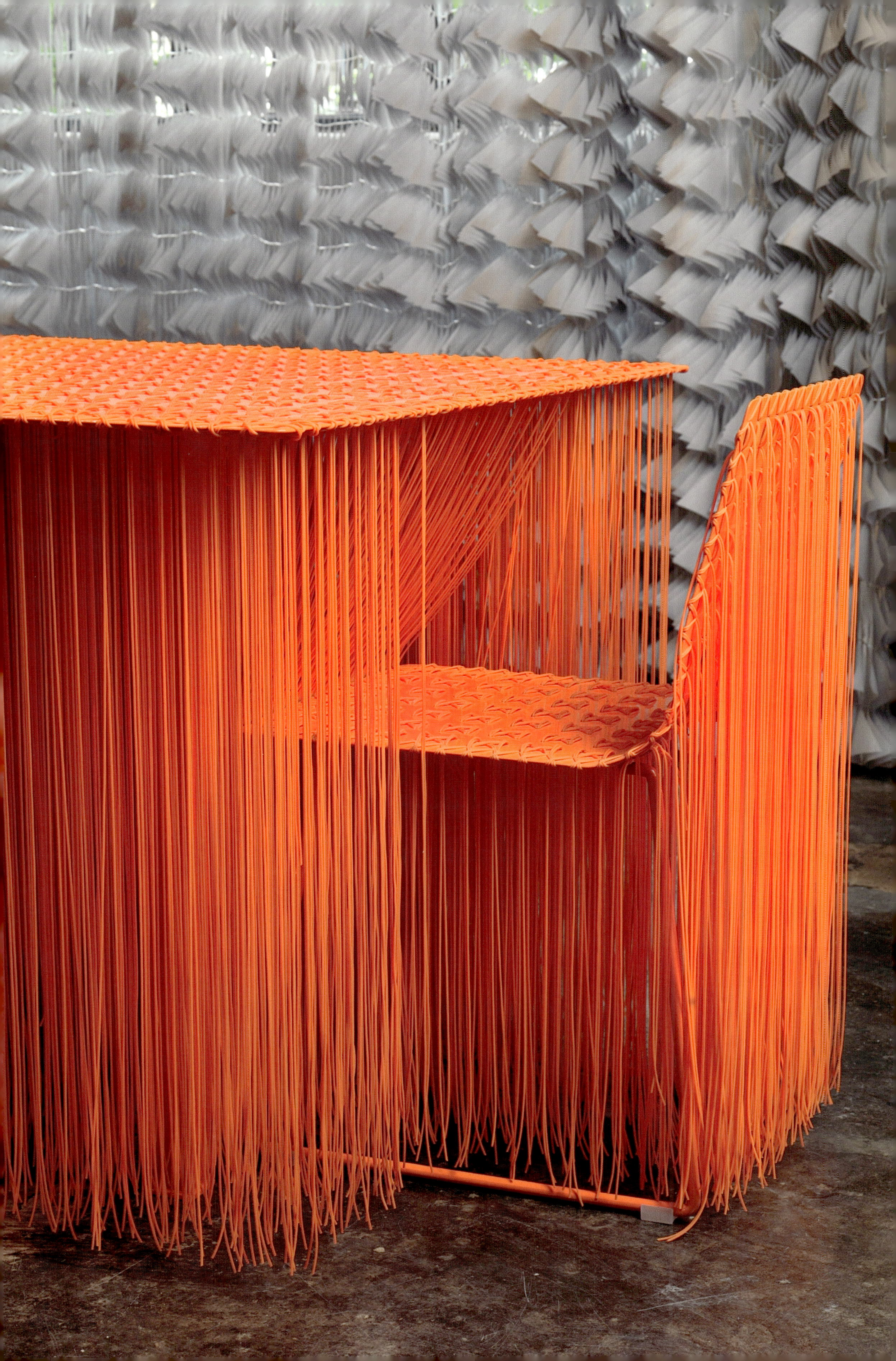

Depuis 10 ans, La Poste propose chaque année un nouveau timbre en forme de coeur. La maison de couture Yves Saint-Laurent a été la première à dessiner les timbres « coeur ». Se sont notamment succédées les maisons Christian Lacroix, Chanel, Givenchy, Lanvin.

Pour la Saint-Valentin 2011, Maurizio Galante crée deux timbres audacieux et totalement nouveaux. L'un intitulé « Colore-moi » laisse la liberté à la personne qui achète ce timbre de le colorier soi-même.
Si la démarche pourrait s'assimiler à celle du cahier de coloriage, et qu'elle en conserve la joie enfantine, elle demeure un peu plus complexe. Libéré du carcan commercial, Maurizio Galante interroge la créativité de chacun. L'autre, passionnément rouge, est intitulé « Grave tes initiales d'amour ». Il renvoie aux souvenirs d'enfance où les amoureux gravaient les écorces des arbres et fixaient pour l'éternité leur alliance. Dans les deux cas chacun devient l'auteur de son timbre !

Every year for the past 10 years, La Poste, the French post-office has proposed a new heart-shaped postage stamp. The fashion house of Yves Saint-Laurent was the first to design "heart-shaped" stamps. They were followed by the design houses of Christian Lacroix, Chanel, Givenchy, and Lanvin.

For Valentines Day 2011, Maurizio Galante has created two audacious and totally new stamps. One is entitled "Colour me", which is left free to be coloured by the person who buys this stamp.
If its appearance resembles a colouring book, retaining a child-like joy, it is somewhat more complex. Free of commercial constraints, Maurizio Galante challenges the creativity of each person. The other, passionately red, is entitled "Engrave the initials of your love". It refers to childhood memories, when lovers carved tree bark to mark their union for eternity. In both cases, everyone becomes the author of their own stamp!

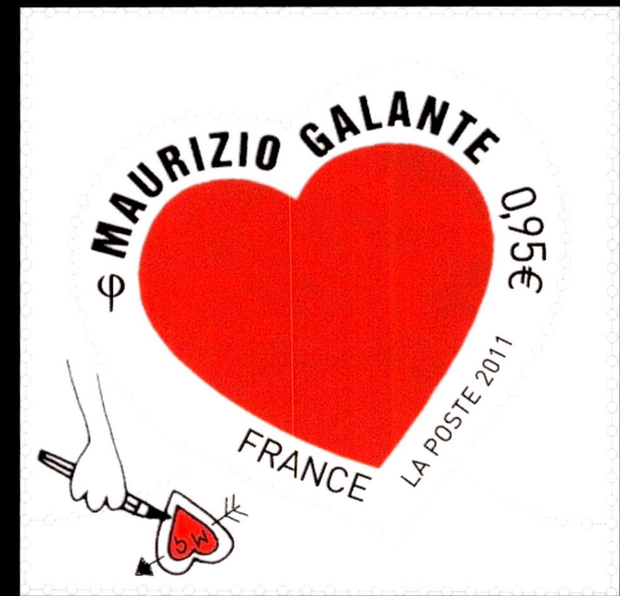

Timbre, 2011
Références : 11 11 005 et 11 11 006
Impression : héliogravure

Stamp, 2011
Reference number: 11 11 005 and 11 11 006
Printing: heliogravure

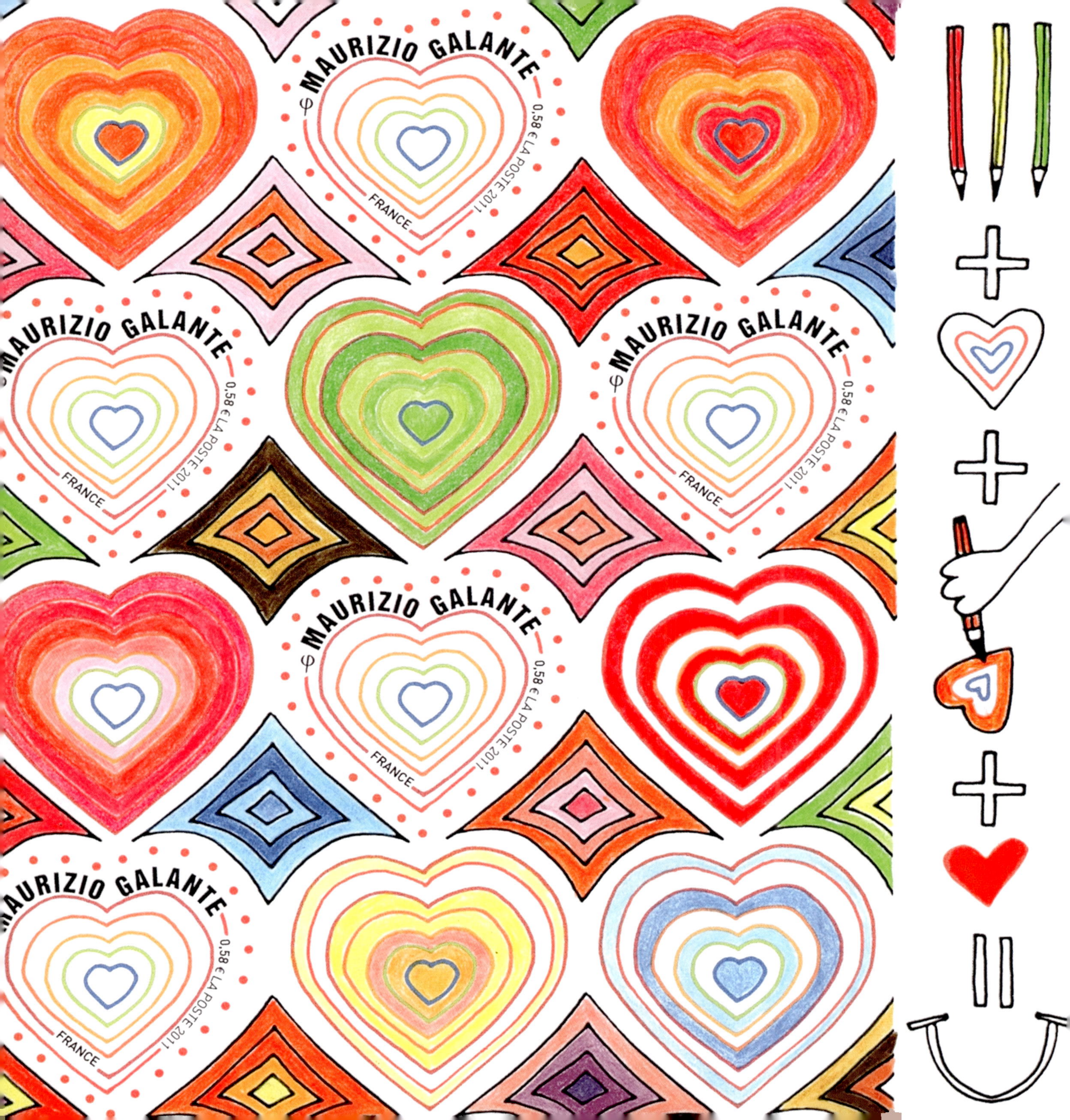
MAURIZIO GALANTE
0,58 € LA POSTE 2011
FRANCE

VIEW TEXTILE MAGAZINE

edited by **View publications**

Depuis quinze ans, Tal Lancman est rédacteur pour le magazine *View Textile*, le principal magazine professionnel qui définit les tendances en matière de couleur, textile, mode, décoration et marketing. Ses recherches sur les gammes de couleur femme se distinguent par leur ambiance et par un choix d'images espiègles.

Les deux séries intitulées « Interware » et « The art of living » introduisent le concept de transversalité : point de rencontre entre les différentes disciplines artistiques que sont le design, la mode, l'art et l'architecture.

La série intitulée « Street Culture » décrypte ses photos prises dans des pays différents. Chaque article illustre l'état d'esprit du consommateur d'aujourd'hui. Les thèmes traitent de sujets sociaux et environnementaux et captent aussi l'état d'âme des gens. Ses analyses et suggestions se concrétisent au profit de produits et de services.

Tal Lancman has been editor of the magazine *View Textile*, the main professional magazine which defines the trends in terms of colour, textile, fashion, decoration and marketing, for fifteen years. His research into female colour harmonies is distinguished by their environment and by a choice of mischievous images.

The two series entitled "interware" and the "art of living" introduce the concept of transversality: the meeting point between the different artistic disciplines which are design, fashion, art and architecture.

The series entitled "Street Culture" decrypts his photos taken in different countries. Each article illustrates today's consumer's state of mind. The themes treat social and environmental subjects and also capture the mood of the people. His analyses and suggestions provide concrete advantages for products and services.

« Trouver les personnes justes pour les différents magazines de View n'a jamais été facile. Heureusement Tal Lancman est venu à moi. Il a téléphoné à mon bureau pour prendre un rendez-vous et nous nous sommes rencontrés au salon Première Vision en 1995. J'ai été immédiatement frappé tant par son énergie que par la façon dont il parle et présente son travail. Il pouvait m'offrir exactement ce que je cherchais à ce moment-là. Cela correspondait à la montée de la culture de rue. Tal avait un portfolio de recherche sur la « rue » : de la matière visuelle informelle, brute et réaliste avec laquelle il « ouvre une fenêtre » sur le monde extérieur.
Nous avons commencé ainsi. Puis avons trouvé notre voie. J'ai alors vraiment commencé à comprendre le génie qui lui est propre. Dès lors, il n'y a pas eu de regard en arrière. Ses contributions à nos magazines sont aujourd'hui les plus puissantes et les plus belles. Ce qui est encore mieux, c'est qu'elles continuent à se développer… Le passé était brillant, l'avenir le sera plus encore. »
David Shah, fondateur des éditions View.

"Finding the right people for View magazines has never been easy. But luckily Tal Lancman came to me. He rang my office to make an appointment and we met at Premiere Vision in 1995. I was immediately struck by both Tal's energy and the way he talks and presented his work. And he could offer me exactly what I was looking for at that time. This was the moment of the rise of street cred and culture. And Tal had a portfolio of street research and the kind of raw, realistic and unstylised visual material with which, as he put it, 'to open a window' onto the outside world.
That's how we started. Then, we found our way together and I really began to understand his very personal genius.
From that point on there has been no looking back. His contributions to our magazines are now the most powerful and beautiful. And what's even better they continue to evolve…The past was brilliant, the future even more so."
David Shah, founder of View Publications.

Conception des couvertures *View Textile* de l'année 2004.

N° 65 printemps 2004 *Sorbet de Framboise* – vest en quartz de cristal rose de Maurizio Galante ; glacée dans un sirop de framboise, pour un premier été appetissant

N° 66 été 2004 *Envie sucrée* – robe du soir de Fatime Guerrout recouverte de bonbon vert asperge et orné d'un lacet en pâte d'amandes

N° 67 automne 2004 *Delice suffragiste* – sous-vêtements de Eva Rachline flambés et caramelisés

N° 68 hiver 2004 *Volants grisés* – bourse du soir fait main de Mirit Weinstock, immergée dans un cocktail ultramarin de champagne avec un verre de Curacao. Bonne année 2005!

Conception of coverage of the year 2004 *View Textile.*

Issue 65 spring 2004 *Raspberry sorbet* – pink crystal quartz jacket by Maurizio Galante ; iced in raspberry syrup, for an appetizing early summer

Issue 66 summer 2004 Sugar crave – evening gown by Fatime Guerrout showered with sweet sprinkles and adorned with marzipan lacing

Issue 67 autumn 2004 *Suffragist delight* – caramelized flambé underwear by Eva Rachline

Issue 68 winter 2004 *Tipsy frills* – hand made evening purse by Mirit Weinstock, immersed in an ultramarine cocktail of champagne with a shot of Curacao. Happy new year 2005!

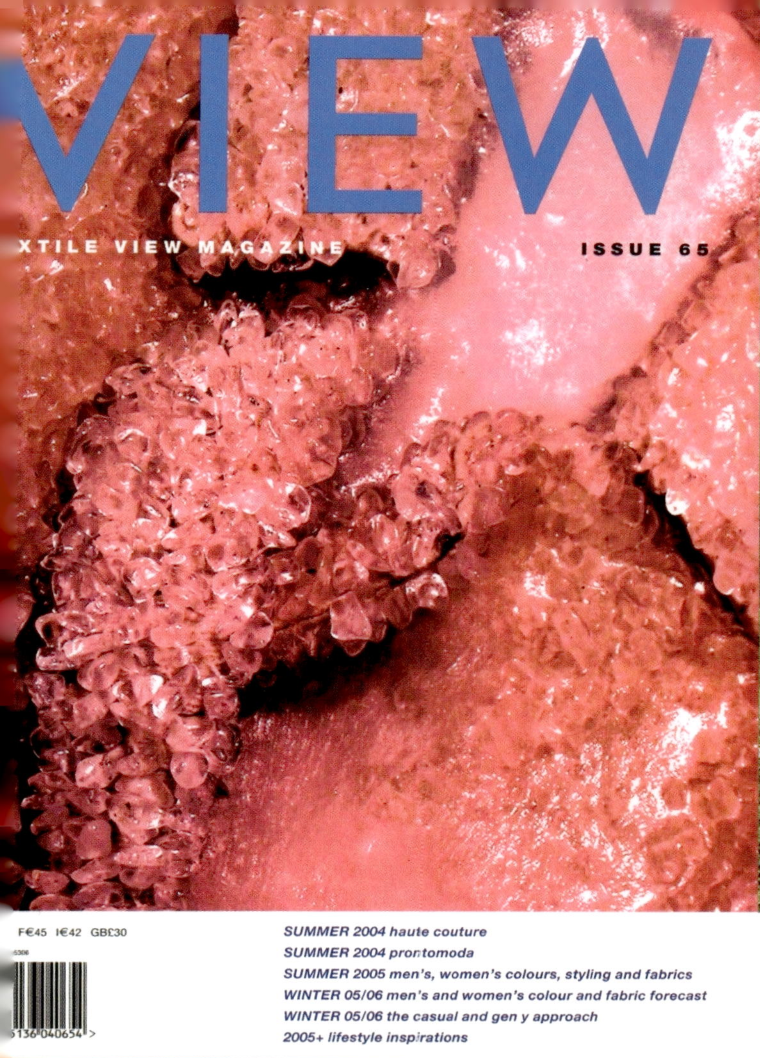

VIEW

XTILE VIEW MAGAZINE

ISSUE 65

F€45 I€42 GB£30

SUMMER 2004 haute couture
SUMMER 2004 prontomoda
SUMMER 2005 men's, women's colours, styling and fabrics
WINTER 05/06 men's and women's colour and fabric forecast
WINTER 05/06 the casual and gen y approach
2005+ lifestyle inspirations

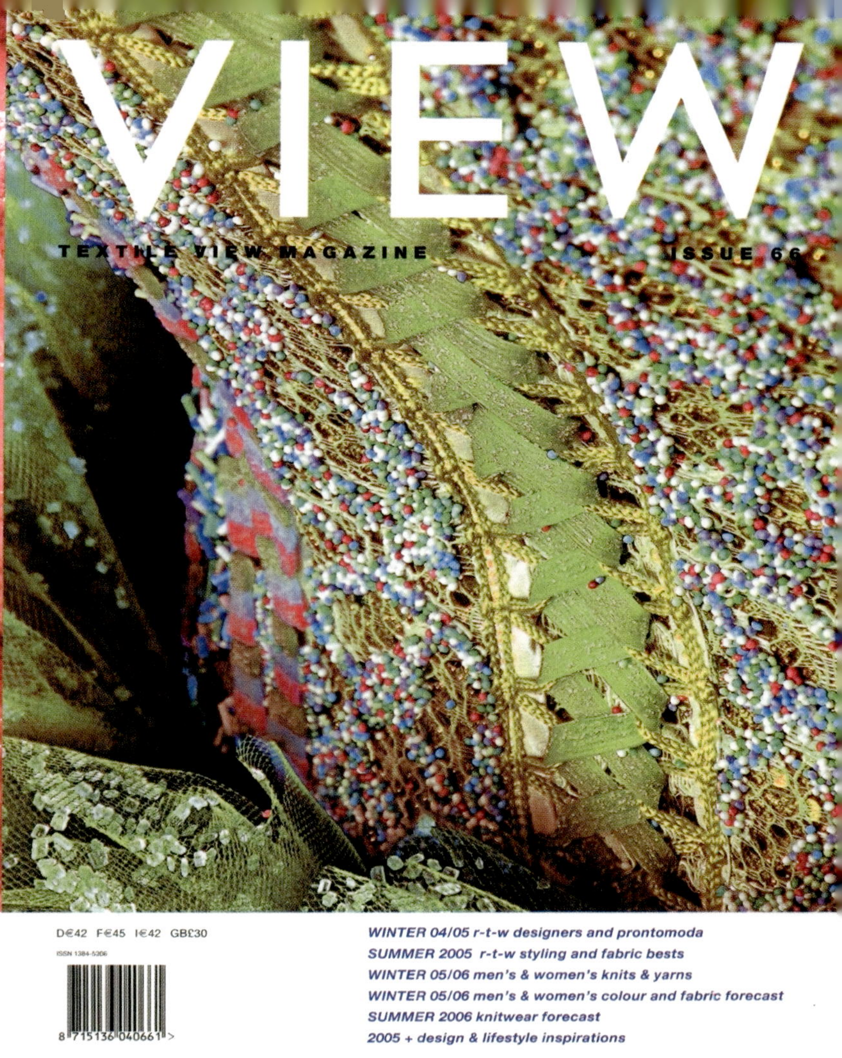

VIEW

TEXTILE VIEW MAGAZINE

ISSUE 66

D€42 F€45 I€42 GB£30

ISSN 1384-5306

WINTER 04/05 r-t-w designers and prontomoda
SUMMER 2005 r-t-w styling and fabric bests
WINTER 05/06 men's & women's knits & yarns
WINTER 05/06 men's & women's colour and fabric forecast
SUMMER 2006 knitwear forecast
2005 + design & lifestyle inspirations

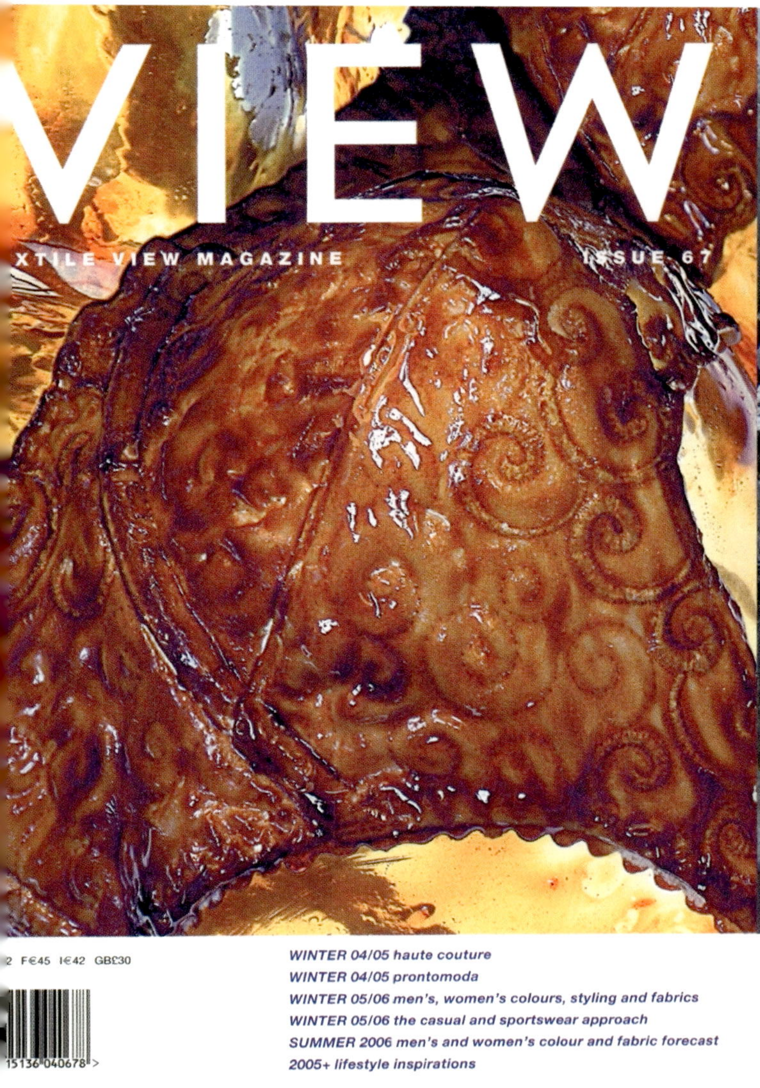

VIEW

XTILE VIEW MAGAZINE

ISSUE 67

2 F€45 I€42 GB£30

WINTER 04/05 haute couture
WINTER 04/05 prontomoda
WINTER 05/06 men's, women's colours, styling and fabrics
WINTER 05/06 the casual and sportswear approach
SUMMER 2006 men's and women's colour and fabric forecast
2005+ lifestyle inspirations

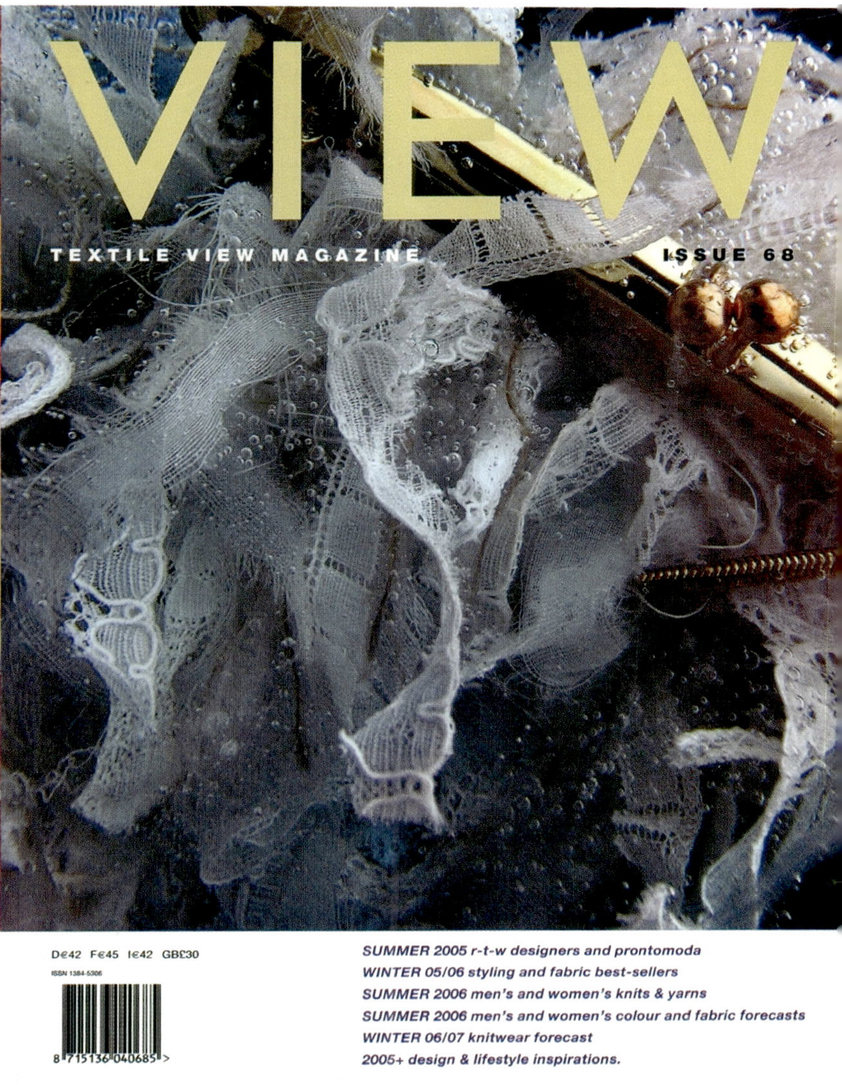

VIEW

TEXTILE VIEW MAGAZINE

ISSUE 68

D€42 F€45 I€42 GB£30

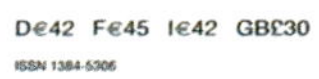
ISSN 1384-5306

SUMMER 2005 r-t-w designers and prontomoda
WINTER 05/06 styling and fabric best-sellers
SUMMER 2006 men's and women's knits & yarns
SUMMER 2006 men's and women's colour and fabric forecasts
WINTER 06/07 knitwear forecast
2005+ design & lifestyle inspirations.

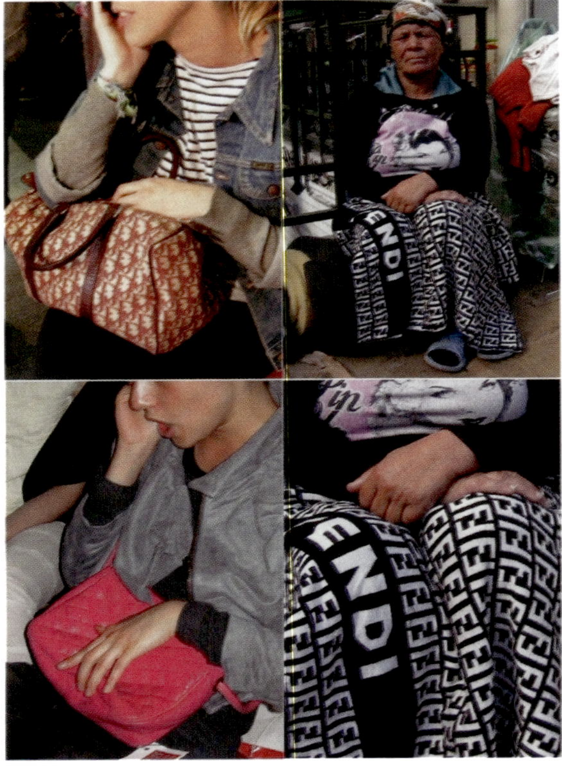

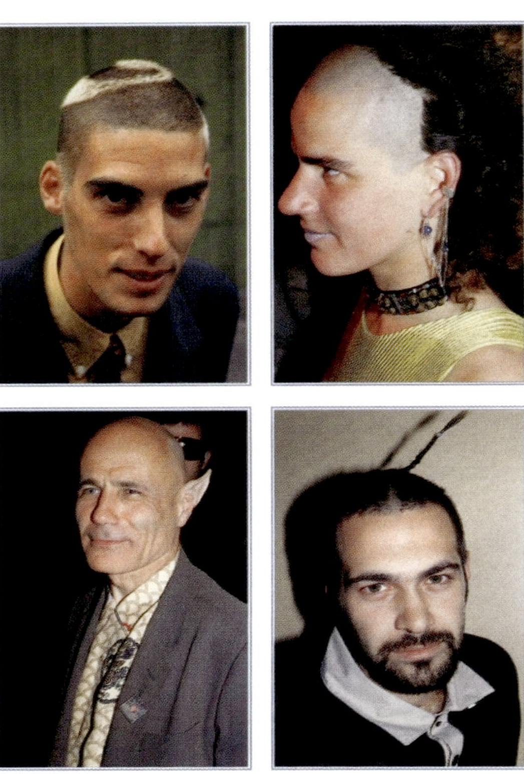

Rip-offs

A fascinating phenomenon of post-branding, in the wake of the banalised logo hype of recent years, sees an ambiguous play on real versus fake. These counterfeits have become an integral part of fashion, impacting all levels on the street, and are worn with defiance, even pride.

TALKING HEADS

Motivated by the wish to communicate and connect, we become fully engaged in a symbiotic relationship with the media and the arts. We no longer just receive and digest ready-made identities, but skilfully manipulate and play with them. These counter-reactive attitudes and appearances are rapidly captured and adopted by the mass market to suit its tastes.

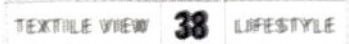

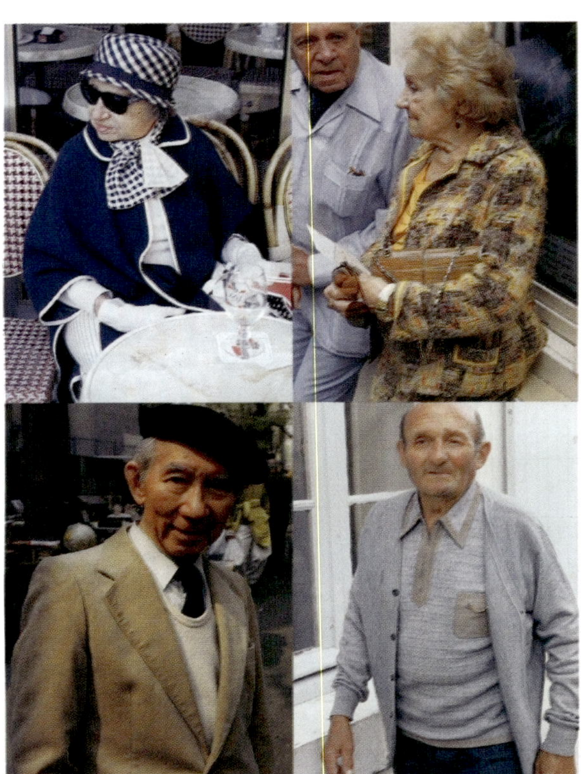

DURABILITY

We are living in a throw-away consumer society. Unlike the old days, clothes are no longer designed to become part of our life history accompanying us with their re-assuring presence as we age. Life expectancy is growing, but the objects we buy are fashioned to be left behind. Will this change as the buying power of 'senior boomers' grows. Will they demand the well made and expect new standards of quality and durability.

Séries « Street culture ».

N° 87 hiver 2010/11, p. 290, *Escroqueries*

N° 40 hiver 1997/98, p. 47, *Présentateurs télé*

N° 35 automne 1996, p. 38, *Durabilité*

"Street culture" series.

Issue 87 winter 2010/11, p. 290, *Rip-offs*

Issue 40 winter 1997/98, p. 47, *Talking heads*

Issue 35 autumn 1996, p. 38, *Durability*

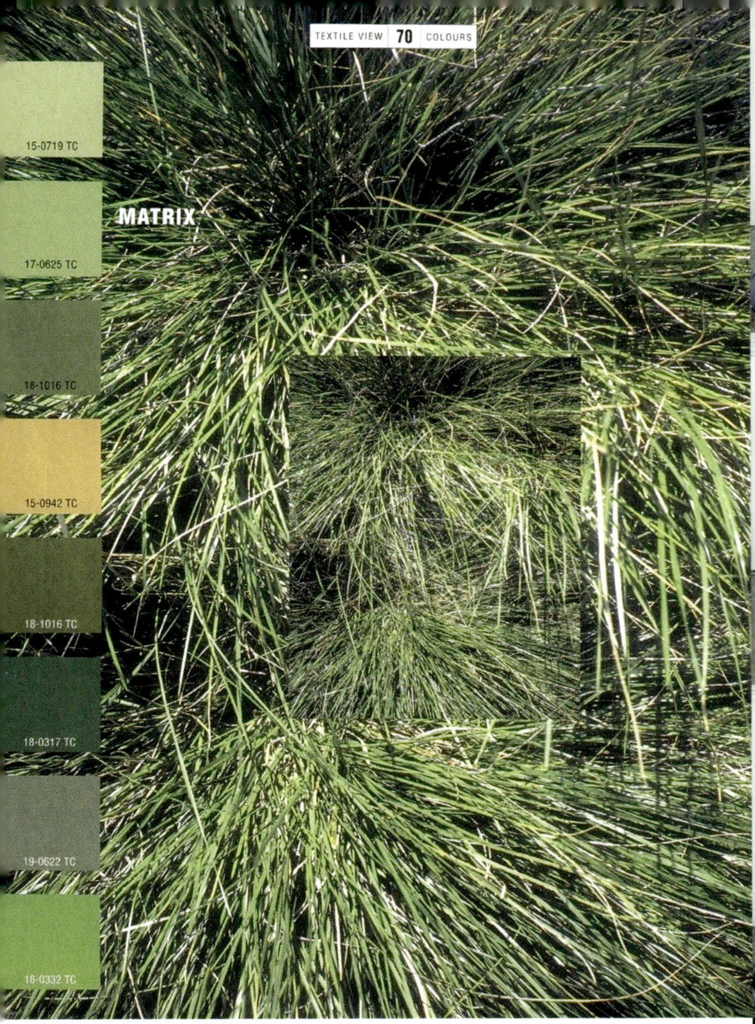

TEXTILE VIEW 70 COLOURS

15-0719 TC
17-0625 TC
18-1016 TC
15-0942 TC
18-1016 TC
18-0317 TC
19-0622 TC
18-0332 TC

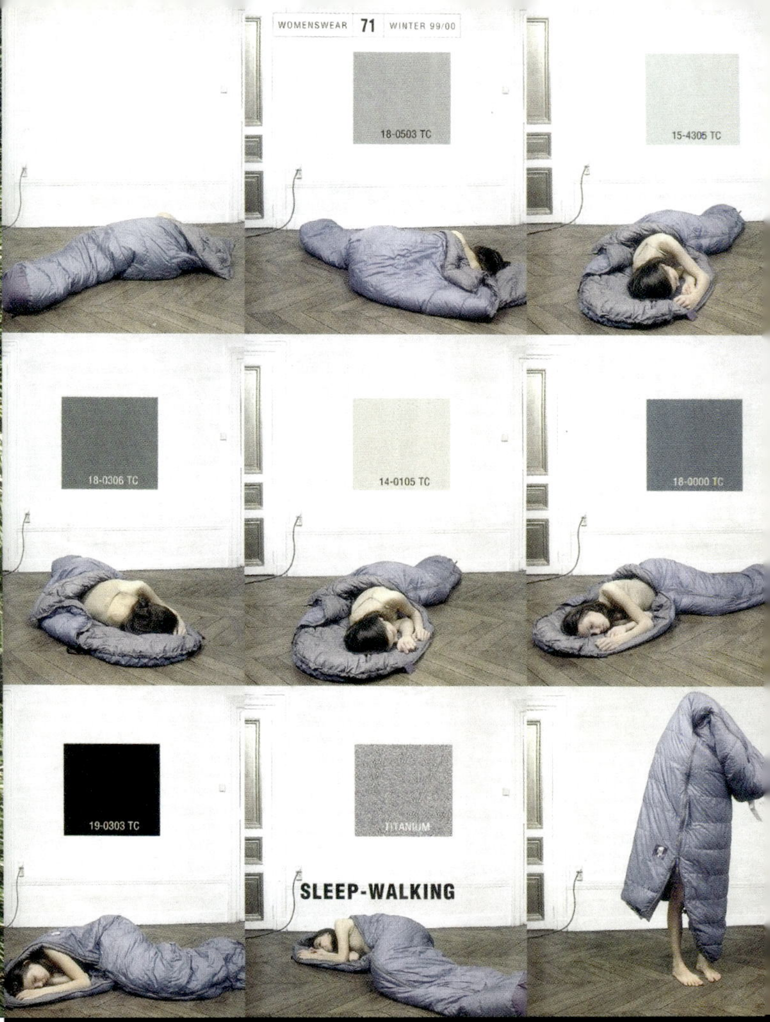

MATRIX

WOMENSWEAR 71 WINTER 99/00

18-0503 TC
15-4305 TC
18-0306 TC
14-0105 TC
18-0000 TC
19-0303 TC
TITANIUM

SLEEP-WALKING

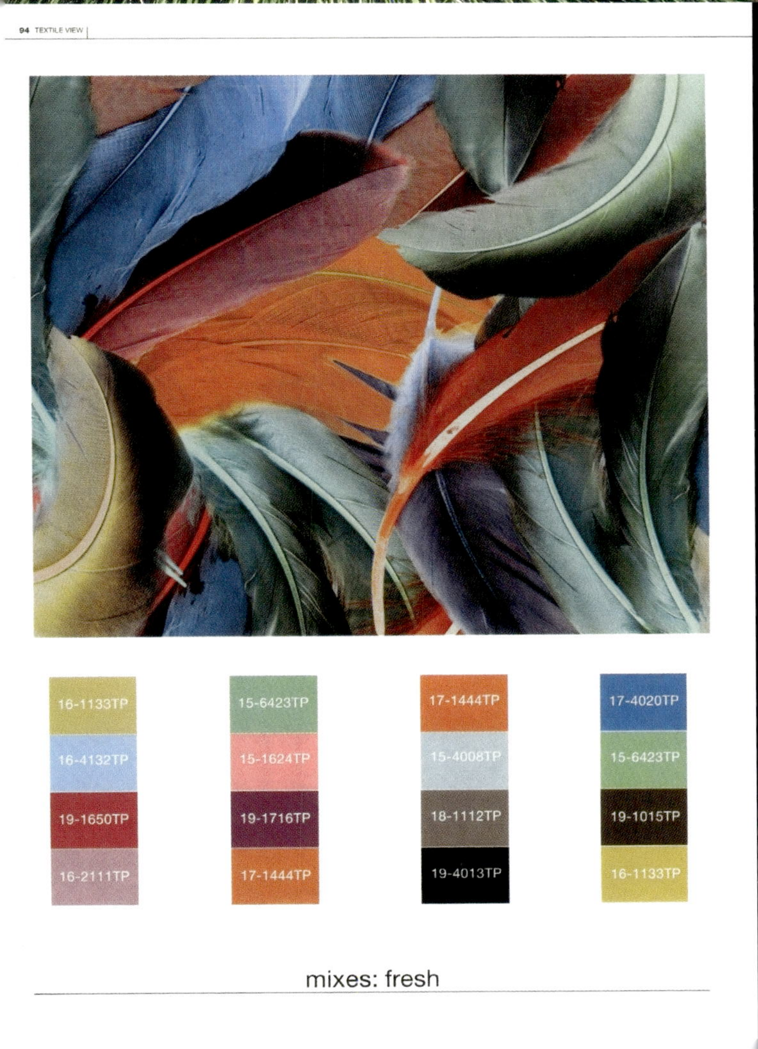

94 TEXTILE VIEW

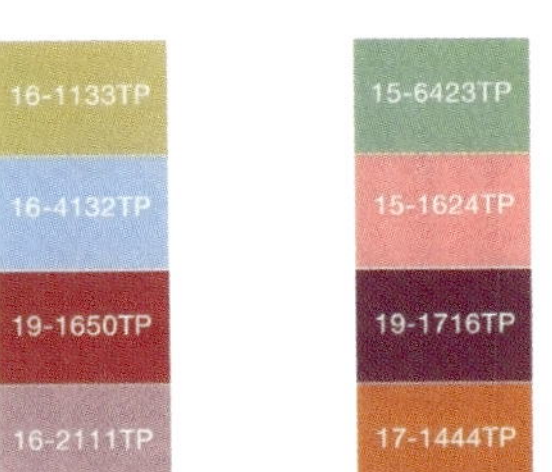

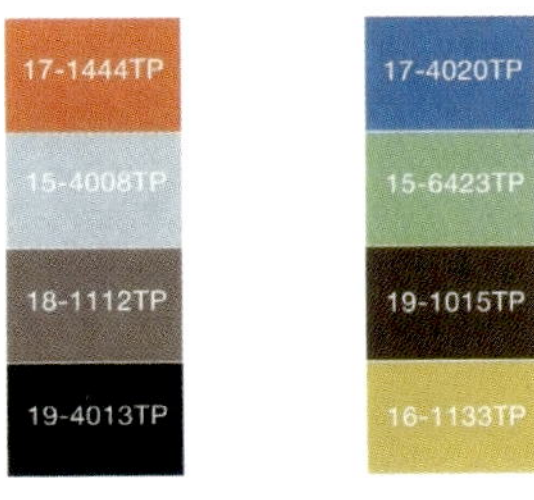

mixes: fresh

Gamme de couleurs.

N° 43 hiver 1999/00 p. 70, *Matrice*

N° 43 hiver 1999/00 p. 71, *Somnambulisme*

N° 47 automne p. 94, *Melanges fraîcheur*

Women's Color Harmonies.

Issue 43 winter 1999/00 p. 70, *Matrix*

Issue 43 winter 1999/00 p. 71, *Sleep-walking*

Issue 47 autumn p. 94, *Mixes: fresh*

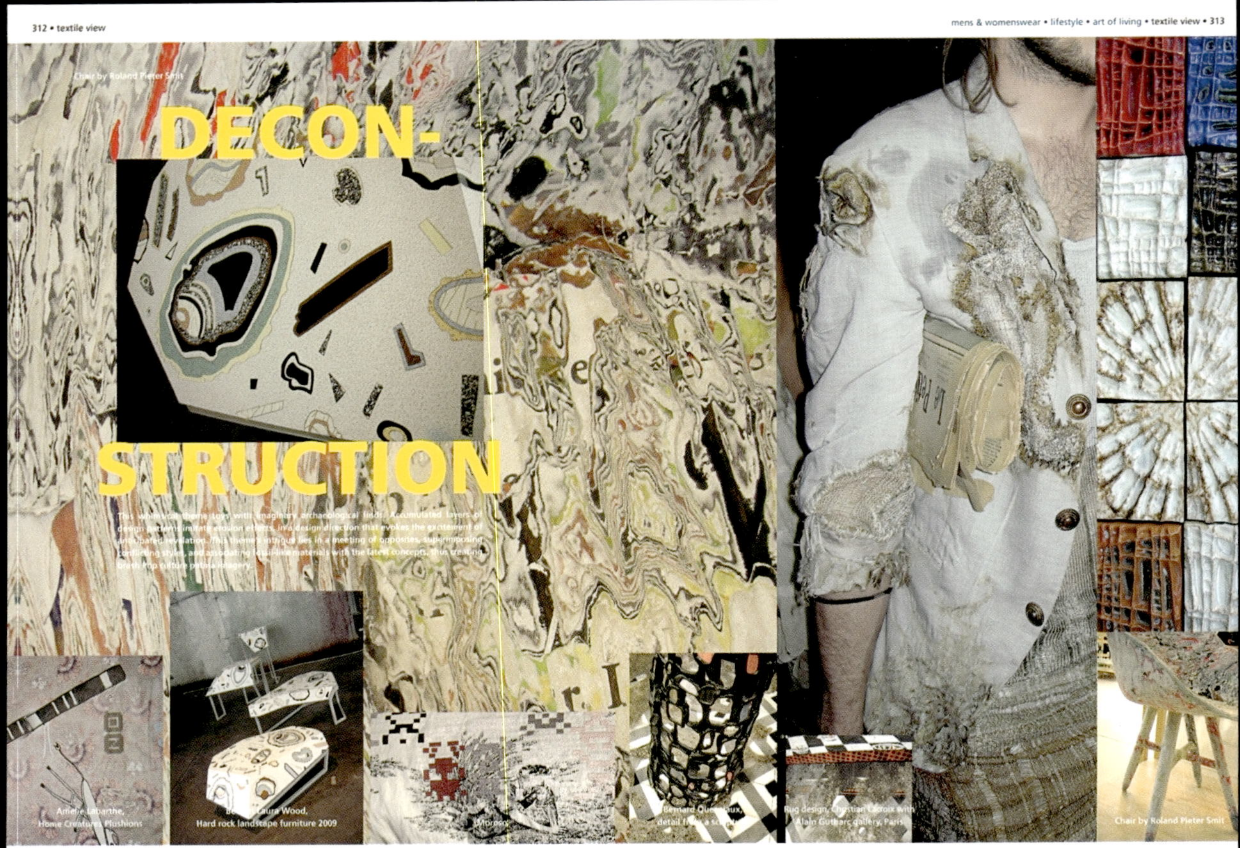

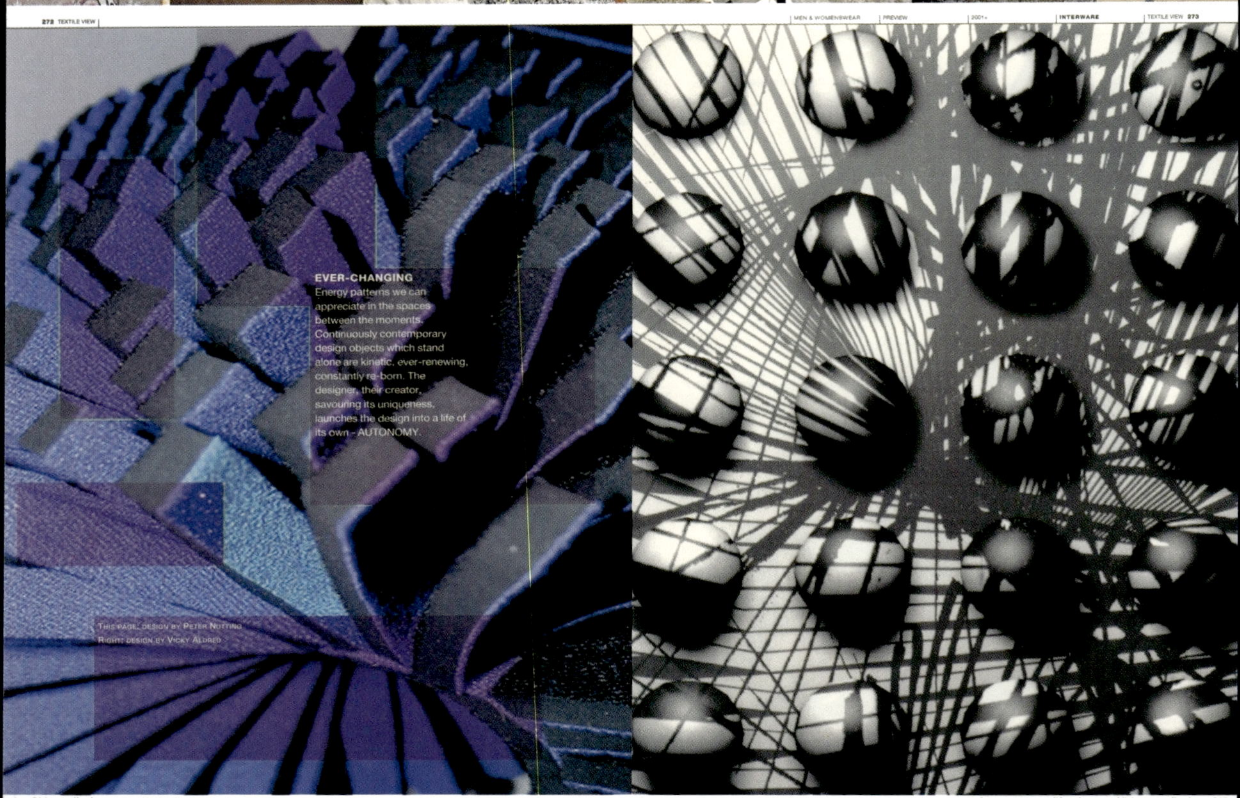

Chair by Roland Pieter Smit

DECON-STRUCTION

This whimsical theme toys with imaginary archaeological fields. Accumulated layers of design patterns imitate erosion effects, in a design direction that evokes the excitement of anticipated revelation. This theme's intrigue lies in a meeting of opposites, superimposing conflicting styles, and associating fossil-like materials with the latest concepts, thus creating fresh Pop culture patina imagery.

Amelie Labarthe, Home Creatures Plushions

Laura Wood, Hard rock landscape furniture 2009

Chair by Roland Pieter Smit

EVER-CHANGING
Energy patterns we can appreciate in the spaces between the moments. Continuously contemporary design objects which stand alone are kinetic, ever-renewing, constantly re-born. The designer, their creator, savouring its uniqueness, launches the design into a life of its own - AUTONOMY.

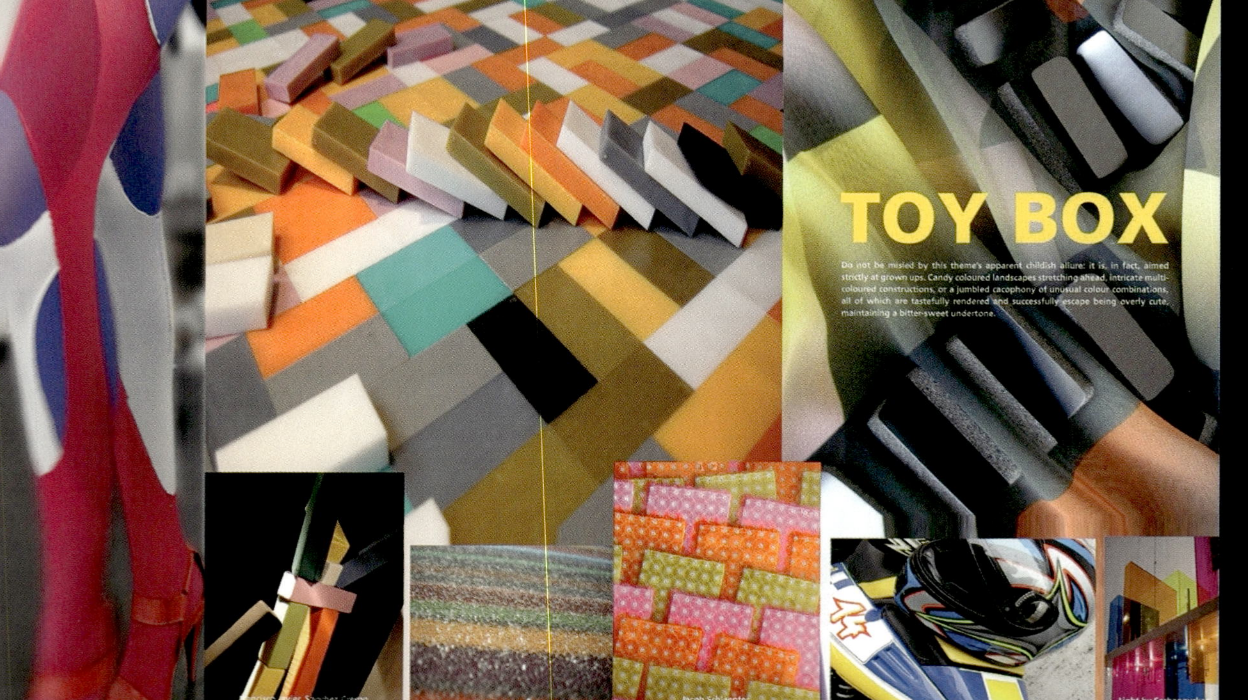

Série « INTERWARE »

n° 90 automne 2010
Deconstruction

n° 52 hiver 2000
Changement perpétuel

n° 90 automne 2010
Boîte de jeu

"INTERWARE" series

issue 90 autumn 2010
Deconstruction

issue 52 winter 2000
Ella Aboutboul
ever-changing

issue 90 autumn 2010
Toy box

n° 90 automne 2010
Fusion de couleurs

n° 52 hiver 2000
L'instinct design

n° 89 hiver 2010
Réalité fracturée

issue 90 autumn 2010
Colour meltdown

issue 52 winter 2000
Ella Aboutboul *the design instinct*

issue 89 winter 2010
Fractured reality

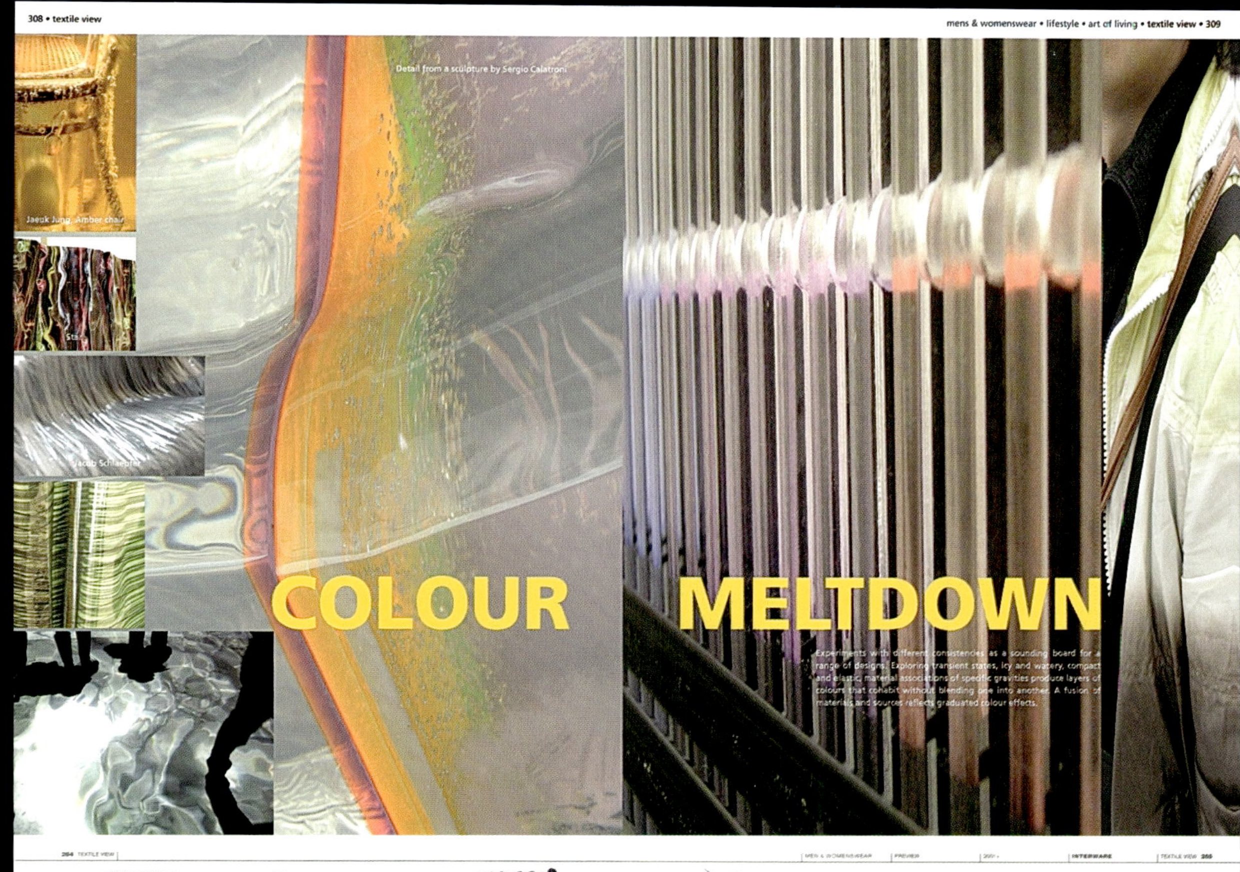

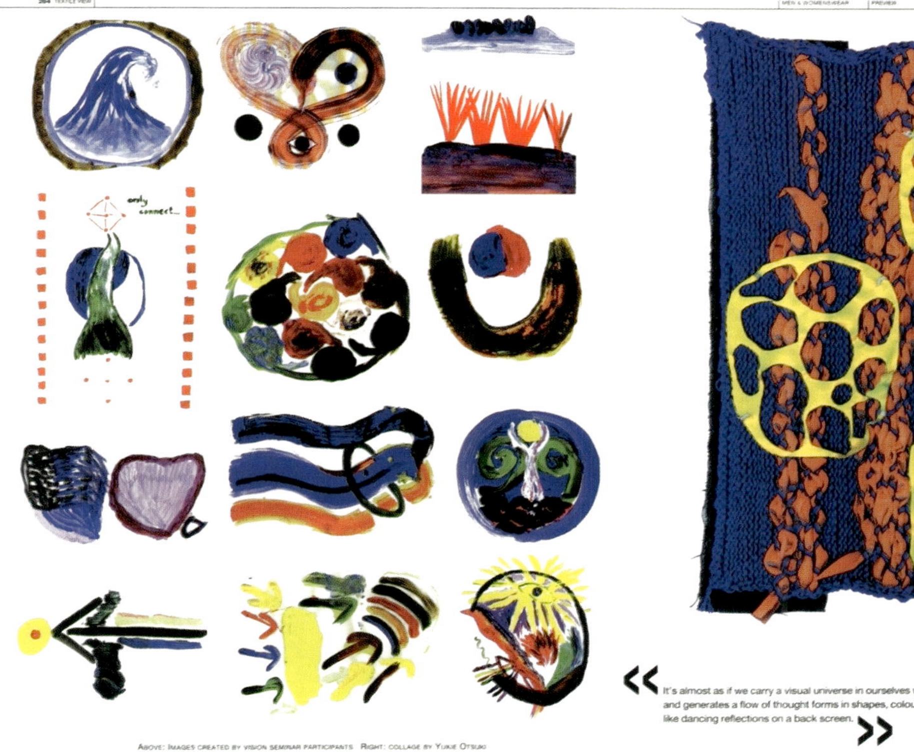

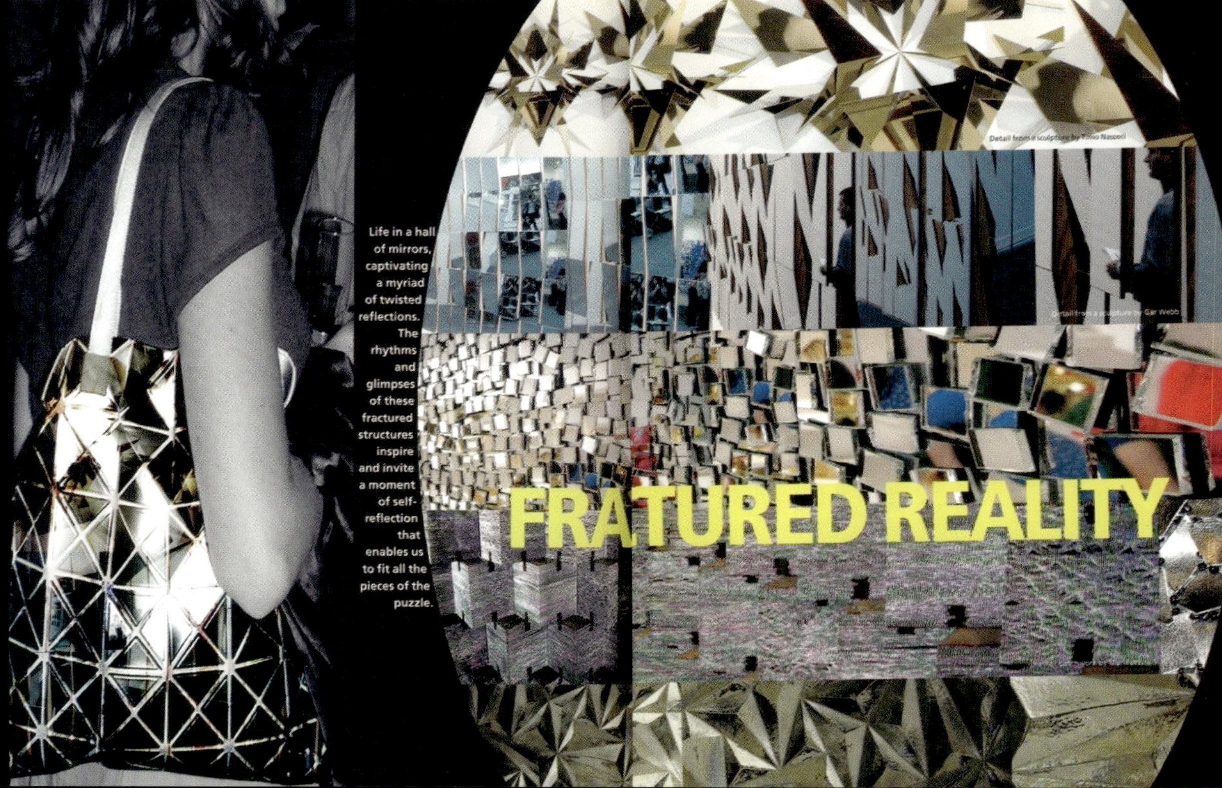

Lors de l'édition 2009 de la Designer's Days (parcours parisien du design), qui a pour thème « Secrets de design », Maurizio Galante et Tal Lancman répondent à l'invitation de Baccarat en réalisant une installation intitulée « Le Rouge de 5 heures ».

Avec cette installation, ils commencent une série. La légèreté de l'animal-nuage composé de 2500 feuilles de tulle contraste avec la gravité de la menace pesant sur certaines espèces animales.
A partir d'un croquis des designers, le patronage stratifié du tigre en taille réelle est modélisé par ordinateur. Les 2500 strates sont ensuite découpées à la main et assemblées de perles de verre dans l'atelier couture de Maurizio Galante.

During the 2009 Designer's Days, (Paris design event), which was themed "Secrets of design", Maurizio Galante and Tal Lancman responded to the invitation of Baccarat by creating an installation entitled "The 5 hour Red".

With this installation, they commenced a series. The lightness of the animal-cloud consisting of 2,500 sheets of tulle contrasts with the gravity of the threat of extinction facing certain animal species.
Starting from a sketch by the designers, the stratified pattern of the life-size tiger was modelled by a computer. The 2,500 layers were then cut by hand and assembled with glass beads in the design studio of Maurizio Galante.

Tigre nuage (1/7), 2009
3 kg
2 500 feuilles de tulle,
fil de nylon, perles
Design : Maurizio Galante
et Tal Lancman
Editeur : INTERWARE

Tiger cloud (1/7), 2009
3 kg
2500 tulle sheets,
nylon thread, glass beads
Design: Maurizio Galante
and Tal Lancman
Edited by INTERWARE

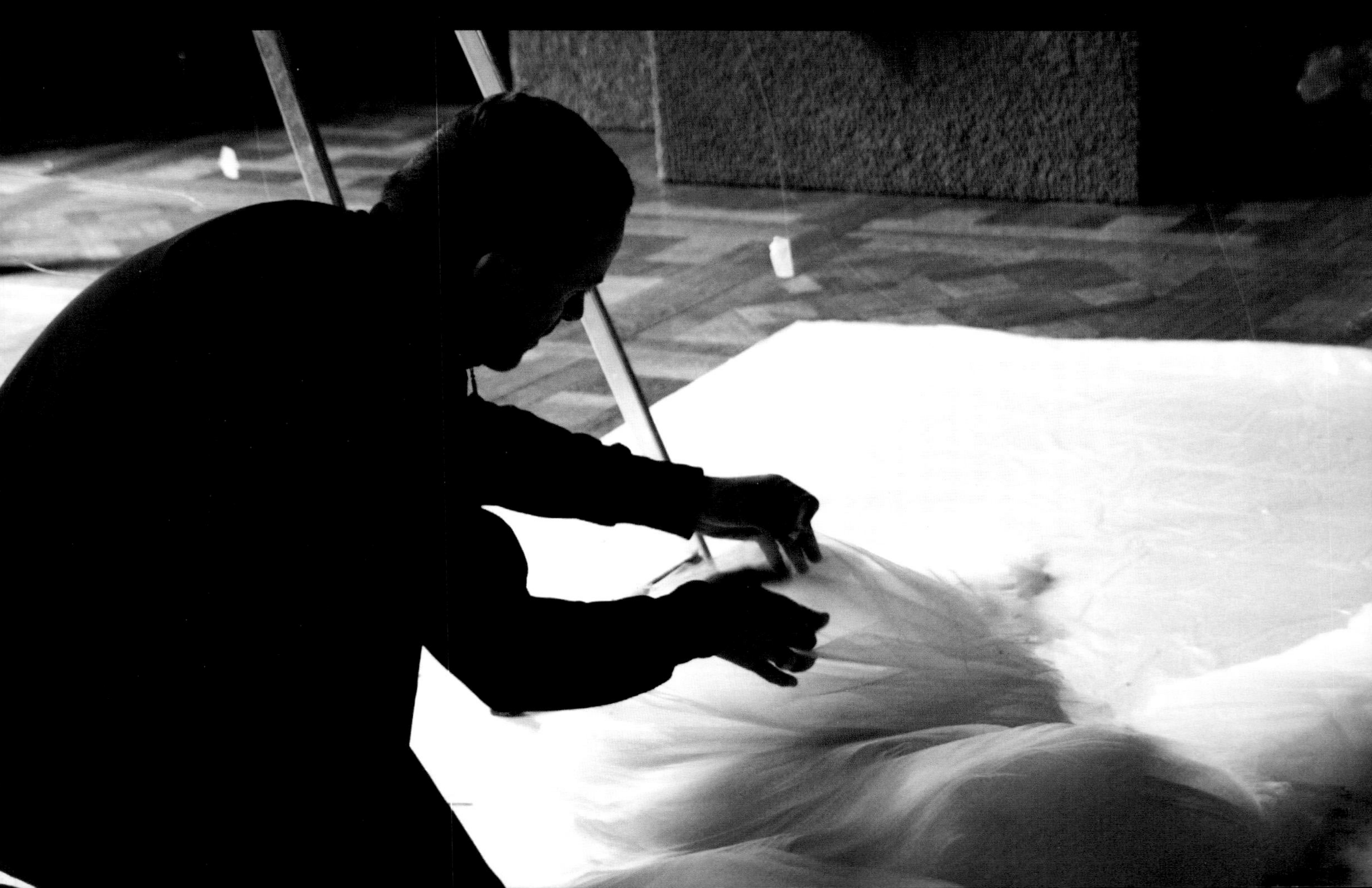

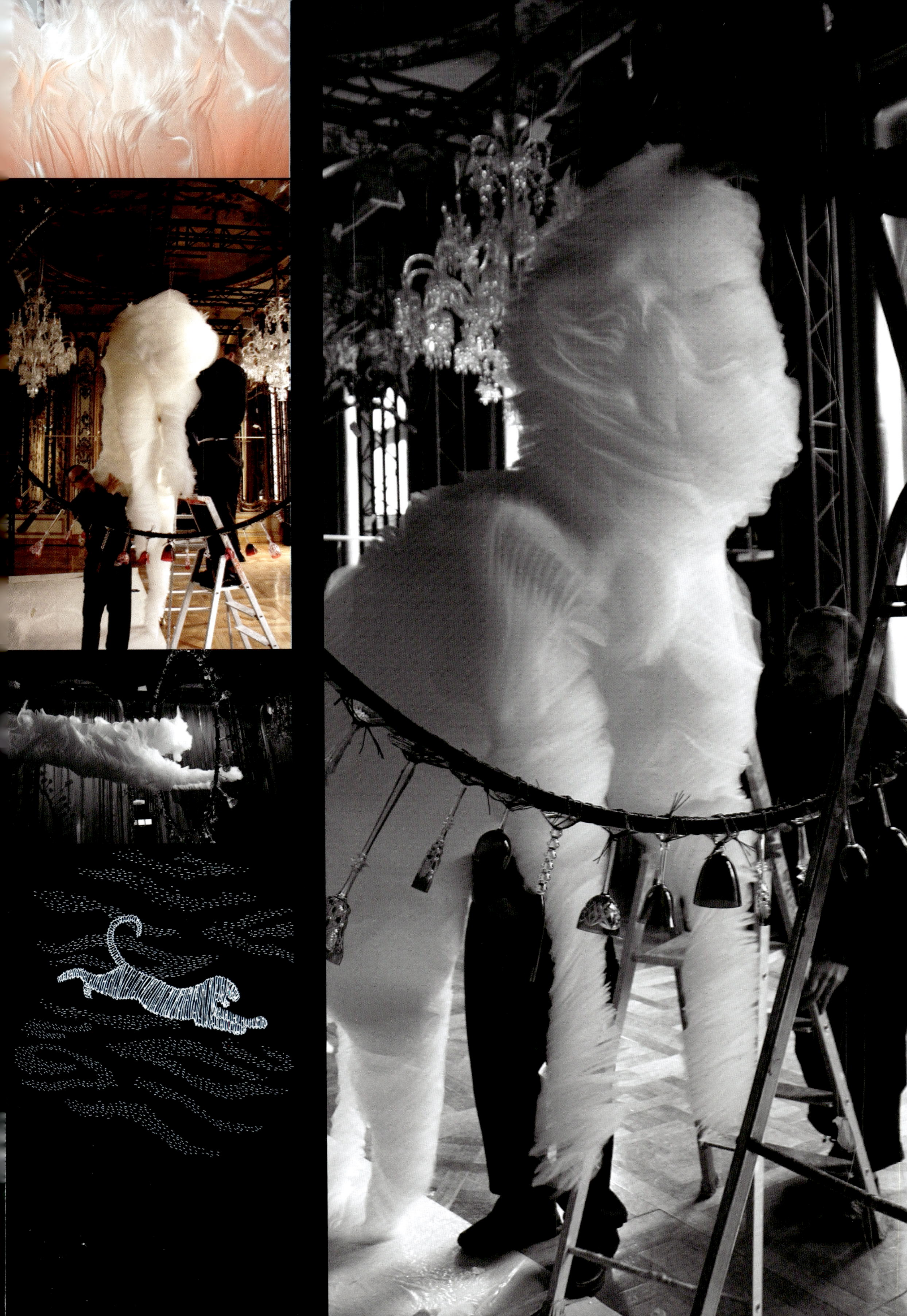

ALTAÏCA TIGRIS LIGHT

edited by **INTERWARE**

Toujours avec l'envie de traduire l'éphémère et d'aboutir à un produit, Maurizio Galante et Tal Lancman conçoivent en collaboration avec Frédéric Zeltner un luminaire en forme de crâne de tigre *Altaïca Tigris*, toujours à l'échelle 1/1. En lieu et place du cortex, une source lumineuse. Il existe une version suspendue et une posée.
Dans une édition limitée, la prestigieuse cristallerie Baccarat parfait l'alliance de la forme et de la matière. La puissance animalière, son étrangeté comme son énergie, seront ainsi sublimées à jamais.

Always with the desire to translate the ephemeral and develop a product, they designed a lamp in collaboration with Frédéric Zeltner in the shape of a tiger's skull. *Altaïca Tigris* is rendered in full scale, with a light source at the cortex. There is a suspended version and one with a base.
In a limited edition, the prestigious crystal maker Baccarat realizes the alliance of form and material. The animal power, its strangeness like its energy, will become sublimated forever.

« Une passion partagée avec Maurizio et Tal, celle de la Wild Energy ! Nous avons refaçonné, repensé et fluidifié la puissance du fils de Mère Nature. 2010 est donc l'année du sacre de notre Altaïca Tigris. Urbanisé, il devient prédateur nocturne et lumineux, il sort du temps et de l'espace ! Ce n° « 00 » devient la matrice d'une série vouée à être produite en tirage confidentiel chez Baccarat. Un autre piège de cristal ! »
Frédéric Zeltner, Urban Animal Designer.

"A passion shared with Maurizio and Tal, one of Wild Energy! We reshaped, rethought and blended the power of Mother Nature's offspring. 2010 is the year of our blessed Tigris Altaica. Urbanized, it becomes a luminous nocturnal predator, it transcends time and space! The No. '00' becomes the mold for a series destined to be produced in a limited edition by Baccarat. Another trap of crystal!"
Frederick Zeltner, Urban Animal Designer.

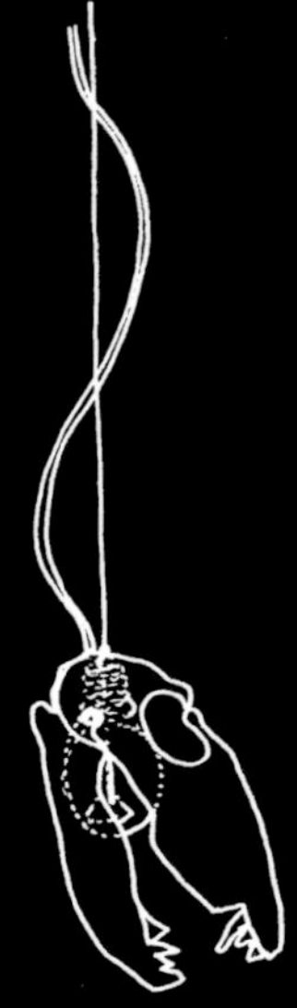

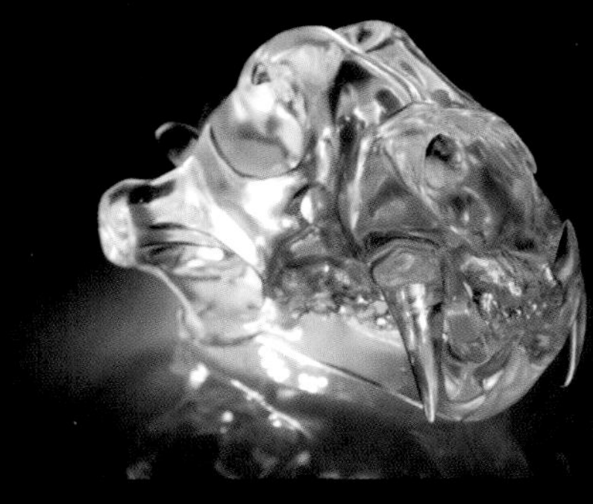

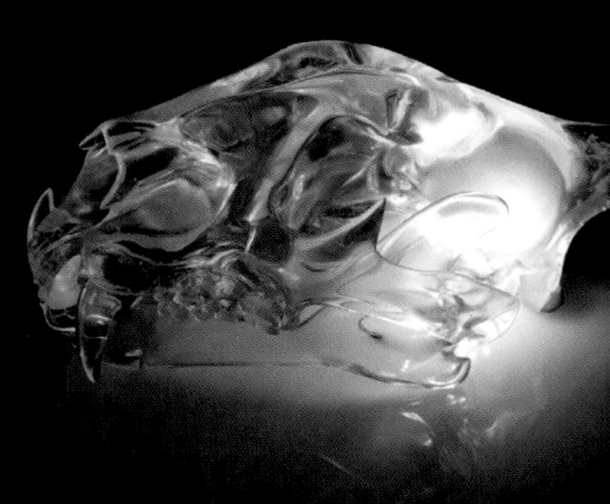

Lampe, 2010
35 × 23 × 22 cm
3,2 kg
Prototype en plexiglas
Temps de fabrication : 220 h
Design : Maurizio Galante, Tal Lancman et Frédéric Zeltner
Editeur : INTERWARE

Light, 2010
35 × 23 × 22 cm
3.2 kg
Plexiglas prototype
Manufacture time: 220 h
Design: Maurizio Galante, Tal Lancman and Frédéric Zeltner
Edited by INTERWARE

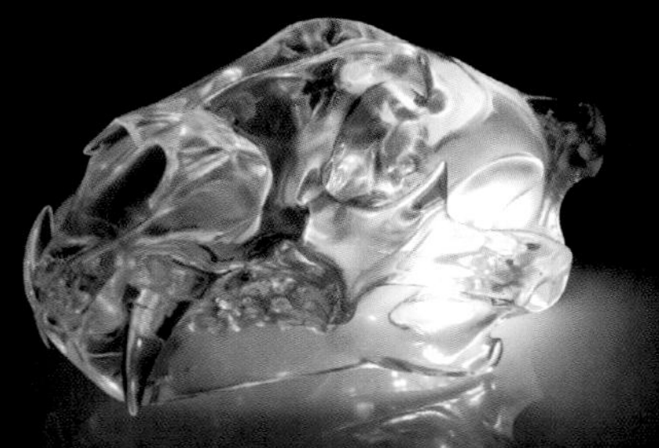

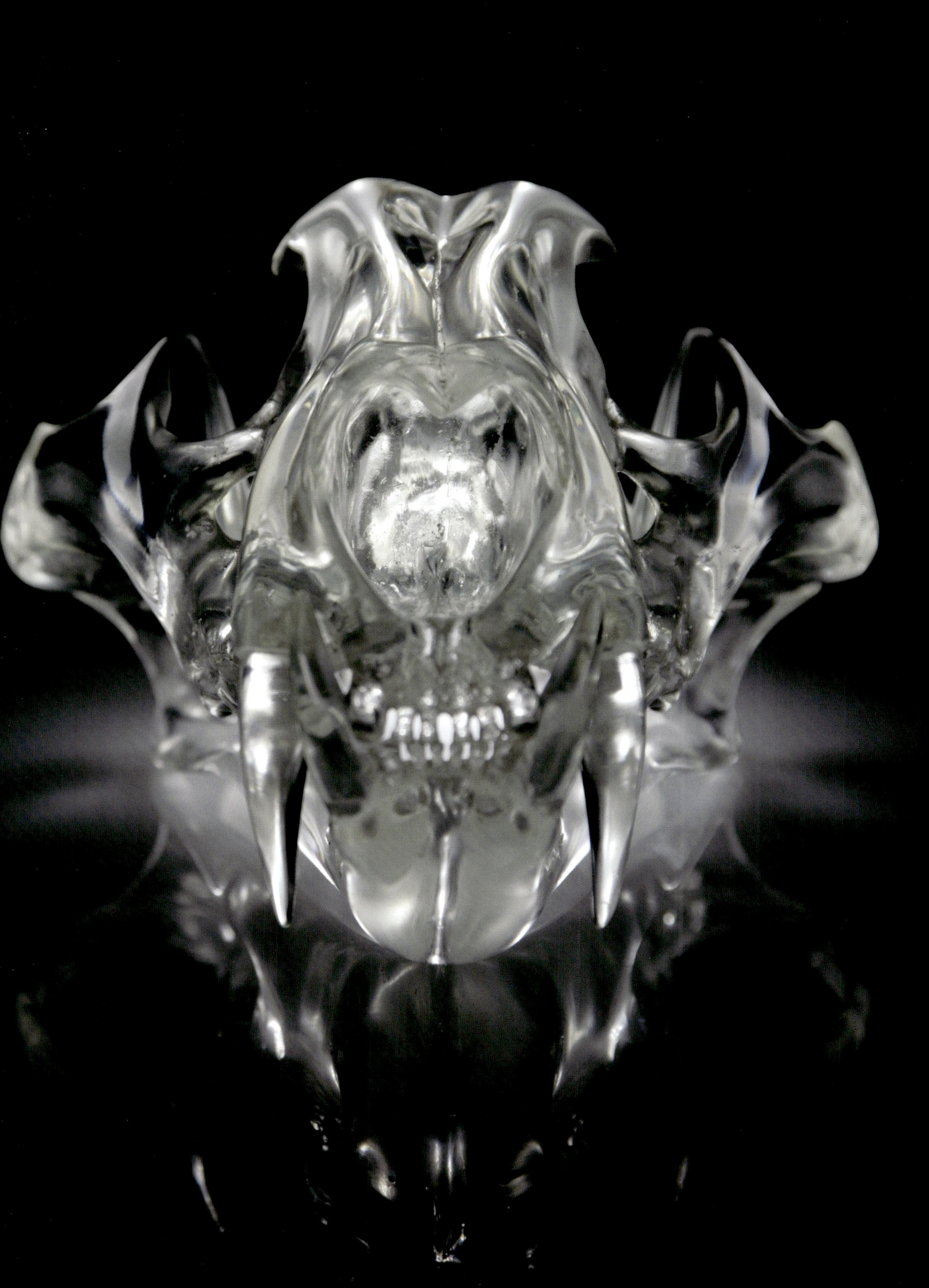

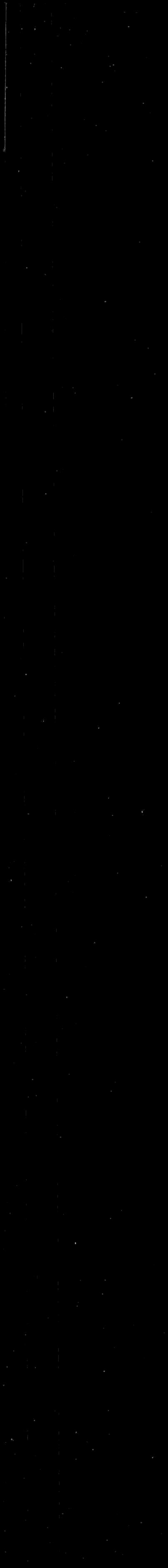

MAURIZIO GALANTE
(Latina, Italie, 1963-)

Après des études d'architecture à l'Université de Rome puis de mode à l'Académie du Costume et de la Mode, Maurizio Galante travaille pour le couturier Roberto Capucci. Il présente sa première collection de prêt-à-porter à Milan en 1986 sous le nom « Maurizio Galante X Circolare ». Depuis 1992, Maurizio Galante présente ses collections en France au calendrier officiel de la haute couture. Installé à Paris en 1996, il fonde la marque « Maurizio Galante » l'année suivante.
En 2003, Maurizio Galante s'associe à Tal Lancman pour créer la société INTERWARE.
Depuis 2008, il présente ses collections haute couture en tant que membre officiel du cercle très fermé de la "Chambre Syndicale de la Haute Couture".
Ses créations sont conservées dans d'importants musées internationaux et il participe à de nombreuses expositions.
Refusant d'être catalogué ou de se soumettre aux notions restrictives de "saison", la créativité de Maurizio Galante s'exprime tant en mode qu'en design ou encore en aménagement d'intérieur et d'extérieurs. Un heureux mariage contrasté de sophistication et de discrétion, de rigueur et de poésie, de tradition et d'innovation pourrait le définir. Ses créations, tous domaines confondus, sont des « objets de désir » et « objets de conversation » et ont pour dessein de susciter des émotions.

Expositions (participation, direction artistique et commissariat)
1990
Creativitalia: The Joy of Italian Design, Tokyo.
1993
Das Goldene Zeitalter, Wurttembergischer Kunstverein, Stuttgard.
1999
Vision of the Body, Musée national d'art moderne et Musée d'art contemporain, Tokyo.
Black in Fashion, Victoria & Albert Museum, Londres.
2000
Aristocratic Artisans, Ace Gallery, New York.
Ultranoir, Magasins Printemps, Paris.
Jouer la lumière, Musée de la Mode et du Textile, Paris.
Rétrospective, invité par le Pitti Imagine à honorer le 20ème anniversaire de la Galleria del Costume au Palazzo Pitti, Florence.
Modamorphose, Magasin Printemps, Paris.
2006
Les Enrubannées, Musée d'Art et d'Industrie, Saint-Étienne, France.
Commissariat *Âme de divas*, Centre des Arts, Enghien-les-Bains, France.
2008
Présente sa collection haute couture au côté de meuble dans les galeries du Ministère de la Culture, Place du Palais Royal, Paris.
2010
Direction artistique *Vestiaire de divas*, Centre National du Costume de Scène, Moulins, France.

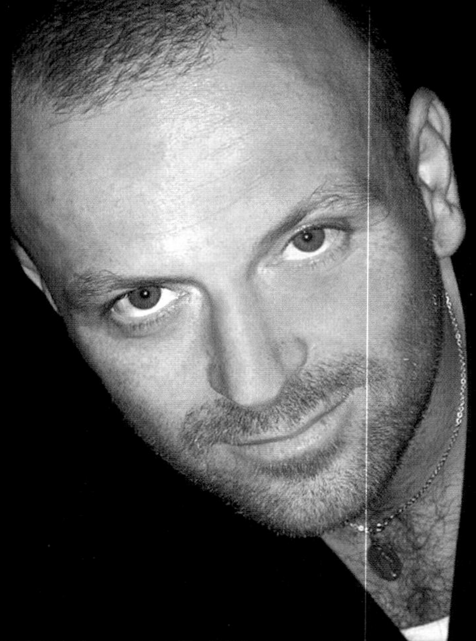

MAURIZIO GALANTE
(Latina, Italy, 1963)

After studying architecture at the University of Rome and fashion at the Academy of Costume and Fashion, Maurizio Galante worked for fashion designer Roberto Capucci. He presented his first collection of ready-to-wear in Milan in 1986 under the name 'Maurizio Galante X Circolare'. Since 1992, Maurizio Galante presents his collections in France in the official calendar of haute couture. Settling in Paris in 1996, he founded the brand 'Maurizio Galante' the following year.
In 2003, Maurizio Galante joined Tal Lancman to form the company INTERWARE.
Since 2008, he has presented his haute couture collections as an official member of the very closed circle of the 'Chambre Syndicale de la Haute Couture'.
His creations are included in the collections of important international museums and he has participated in numerous exhibitions.
Refusing to be labelled or to submit to restrictive notions of "season", the creativity of Maurizio Galante is expressed beyond fashion, in design, as well as interior and exterior projects. Maurizio's work could be defined as a happy marriage of contrasts between sophistication and discretion, rigor and poetry, tradition and innovation. These creations in various fields are "objects of desire" and "conversation pieces", which are designed to elicit emotions.

Exhibitions (participation, art director and curator)
1990
Participates in *Creativitalia: The Joy of Italian Design*, Tokyo.
1993
Participates in *Das Goldene Zeitalter*, Wurttembergischer Kunstverein, Stuttgard.
1999
Participates in *Vision of the Body*, National Museum of Modern Art & the Museum of Contemporary Art, Tokyo.
Participates in *Black in Fashion*, Victoria & Albert Museum, London.
2000
Participates in *Aristocratic Artisans*, Ace Gallery, New York.
Participates in *Ultranoir*, Magasins Printemps, Paris.
Participates in *Jouer la lumière*, Musée de la Mode et du Textile, Paris.
Retrospective, invited by Pitti Imagine to host their 20th anniversary of the Galleria del Costume in Palazzo Pitti, Florence.
Participates in *Modamorphose*, Magasin Printemps, Paris.
2006
Participates in *Les Enrubannées*, Musée d'Art et d'Industrie, Saint-Etienne, France.
Curator of *Ame de divas*, Centre des Arts, Enghien-les-Bains, France.
2008
Presentation of his haute couture collection with furniture, windows of the Ministry of Culture in Palais Royal Place, Paris.
2010
Artistic director *Vestiaire de divas*, Centre National du Costume de Scène, Moulins, France.

TAL LANCMAN
(Tel Aviv, Israël, 1962-)

Tal Lancman est prescripteur de tendances et designer.
Depuis quinze ans, il est rédacteur pour le magazine *View Textile*, principal magazine professionnel définissant les tendances en matière de couleur, textile, mode, décoration et marketing. Les séries qu'il a créées intitulées « Interware » et « The art of living » introduisent le concept de transversalité : point de rencontre entre les différentes disciplines artistiques que sont le design, la mode, l'architecture et l'art.
Ses expériences en matière de design et de conseil s'étendent auprès de sociétés dans les domaines de la mode, du design, de la beauté et du vêtement de sport, parmi lesquelles American Express, Baccarat, Boffi Italia, Felissimo Japon, Itochu Japon, Limited NY, L'Oréal Paris, Reebok, Shiseido Japon ou Veronese Paris...
Son travail a été exposé au musée des Arts Décoratifs à Paris ou au Moma à New York. Il a été commissaire d'expositions en France, aux Etats-Unis ou en Israël. De 2003 à 2009, il exerce en qualité de « design curator » au Musée d'Art Moderne-Grand-Duc Jean à Luxembourg. Il conçoit et sélectionne le contenu de la boutique et du restaurant au travers de recherche et de collaborations avec des artistes, designers et artisans. Lors d'événements spécifiques, il y met en scène des installations.
En 2003, Tal Lancman crée avec le couturier et designer Maurizio Galante une société de conseil et de design nommée INTERWARE.

Expositions et installations
1997
A Panorama of Fashion, en lien avec l'exposition *Touches d'exotisme*, diaporama réalisé à partir de la série *Street Culture* du magazine View Textile, Musée des Arts Décoratifs, Paris.
1998
Conception et réalisation de carnets de tendance, PRATO-EXPO salon textile, Florence.
2000
Direction artistique *Continuus connection, DESIGN 21*, UNESCO-FELISSIMO, Japon.
2001
Light as Material, en lien avec l'exposition *Jouer la lumière* habillage des vitrines rue de Rivoli du Musée des Arts Décoratifs, Paris.
2005
Présentation du projet Safeware©, collaboration entre INTERWARE et le designer Arik Levy, *SAFE: Design Takes on Risk*, MOMA, New York.
2007
Commissariat et scénographie de l'exposition *Time Pieces* récompensée du *Andrea M. Bronfman Prize for the Arts*, Eretz Israel Museum, Tel Aviv.
2009
Redroom 1, installation conçue pour le lancement du magazine *L'Architecture d'aujourd'hui*, Grand Palais, Paris.

TAL LANCMAN
(Tel Aviv, Israel, 1962-)

Tal Lancman is a trend forecaster and designer.
He has been an editor-creative director for *View Textile* magazine, the leading industry magazine defining trends in colors, textile, fashion, decoration, and marketing since 1995. A broad spectrum of design and consultancy experiences ranges from companies in fields of fashion, design, beauty, and sportswear, to creative buying services. The "Interware" and "The art of living" series published in View Textile focus on the transversal approach, emphasising the meeting point between the different disciplines: design, fashion, architecture and art.
Clients and collaborations include American Express, Baccarat, Boffi Italia, Felissimo Japan, Itochu Japan, Limited NY, L'Oreal Paris, Reebok, Shiseido Japan or Veronese Paris.
He has exhibited his work at the Musée des Arts Décoratifs, and at MOMA Museum of Modern Art, New York and has curated several design exhibitions in France, the USA and in Israel. Between 2003-2009 he has been assigned design curator for MUDAM, Museum of Modern Art Grand–Duc Jean, Luxembourg, conceptualizing and collaborating on content selection for the museum's store and restaurant, researching and collaborating with artists, designers, and artisans, and developing installations for special events.
In 2003, Tal Lancman established the design and consultancy service company INTERWARE in partnership with haute couture designer Maurizio Galante.

Exhibitions and installations
1997
A Panorama of Fashion, A slide show based on the *Street Culture* series from View Textile magazine. Ongoing event held in conjunction with the *Signs de Exotisme* exhibit, Musée des Arts Décoratifs, Paris.
1998
Concept and realization of street trend boards for the salon's main hall, PRATO-EXPO Textile salon, Florence.
2000
Creative director, *Continuus connection, DESIGN 21*, a two-part exhibition with UNESCO and FELISSIMO, Japan.
2001
Light as Material, in conjunction with the *Jouer la lumière* exhibit Concept, photos and digital realization for the museum's rue de Rivoli windows, Musée des Arts Décoratifs, Paris.
2005
Safeware© project, in a collaboration between INTERWARE and designer Arik Levy, *SAFE: Design Takes on Risk*, MOMA, New York.
2007
Curation and design of the exhibition *Time Pieces* awarded the Andrea M. Bronfman Prize for the Arts, Eretz Israel Museum, Tel Aviv.
2009
"*Redroom 1*" flexible architecture, an installation in the event of the launching of the magazine *L'Architecture d'aujourd'hui*, Grand Palais, Paris.

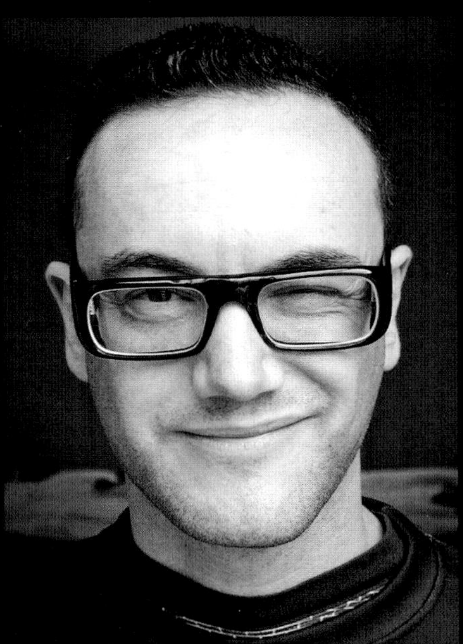

CRÉDITS DE L'EXPOSITION ET DU CATALOGUE /
CREDITS FOR THE EXHIBITION AND THE CATALOGUE

Commissariat général / General commissioner:
Nadine Besse, conservateur en chef du musée d'Art et d'Industrie de Saint-Étienne / Chief Curator of the Saint-Étienne Museum of Art and Industry
assistée de / assisted by Sylvain Besson

Commissariat et direction artistique / Commissioners and Art Directors:
Maurizio Galante, Tal Lancman et / and Sylvie Marot

Commissariat administratif / Administrative Commissioner :
Stéphanie Besseyre, attaché administratif du musée d'Art et d'Industrie / administrative attaché of the Museum of Art and Industry
assistée de / assisted by Solange Ringuet

Régie des œuvres / Management of the works:
Sylvain Besson, régisseur de la collection textile du musée d'Art et d'Industrie et le service régie des collections / manager of the textile collection of the Museum of Art and Industry and the management service of the collections

Mise en espace / Layout:
Maurizio Galante et / and Tal Lancman
assistés de / assisted by Sylvie Marot et / and Gérard Chomel

Montage / Assembly:
Gérard Chomel et l'équipe technique du musée d'Art et d'Industrie / and the Museum of Art and Industry technical team
Service technique municipal de la Ville de Saint-Étienne / The municipal technical service of the town of Saint-Étienne

Rédaction des notices / Captions editor:
Sylvie Marot

Service des publics / Services to the public:
Nathalie Siewerski, responsable / Director
Audrey Provenzano, Agnès Soubeyrand et l'équipe de médiation du musée d'Art et d'Industrie / and the Museum of Art and Industry mediation team

L'ensemble du personnel d'accueil, de la boutique et de l'équipe de surveillance musée d'Art et d'Industrie / The whole reception staff, that of the boutique and of the Museum surveyance team

Communication musée d'Art et d'Industrie de Saint-Étienne / Communications for the Museum of Art and Industry:
Sylvie Chovin, chargée de communication / responsible for communications

Communication Ville de Saint-Étienne / Communications for the town of Saint-Étienne:
Magali Anton, chargée de communication, Direction des Affaires Culturelles / responsible for communications, Cultural Affairs Office Culturelles
Fabrice Van Borren, directeur de la Communication / Director of Communications

Relations presse / Press Relations:
Alambret Communication, Paris

Multimédia / Multimedia:
Production : musée d'Art et d'Industrie de Saint-Étienne – Ville de Saint-Étienne / Saint-Étienne Museum of Art and Industry – Town of Saint-Étienne
Direction : Sylvie Marot
Réalisation / Realization: Albin Quentin

Direction éditoriale / Editorial management:
Nadine Besse, Sylvie Marot et / and Sylvain Besson
Traductions / Translation: Daniel Bates et / and Oreol Vardi
Coordination: Sylvie Marot

Crédits photographiques :
couverture/cover © INTERWARE
4ème de couverture/backcover © Maurizio Galante
p. 12 © INTERWARE
p.18 © Christophe Terne
p. 20-21 © Maurizio Galante
p. 22-23 © Tal Lancman
p. 25 © Maurizio Galante
p. 26-27 © Maurizio Galante
p. 29-30 © Maurizio Galante
p. 31 © Yann Morel - Tal Lancman
p. 32-33 © Maurizio Galante
p. 34 © Tal Lancman
p. 36-37 © Tal Lancman
p. 38-39 © Maurizio Galante
p. 41 haut © Laurent Julliand – bas à gauche © Maurizio Galante - bas à droite © Jean-Louis Coulombel
p. 43 haut à gauche © Maurizio Galante – milieu © Tal Lancman – droite © Jean-Louis Coulombel – bas © Laurent Julliand
p. 45 © Ezio Manciucca – © Maurizio Galante
p. 47 © Ezio Manciucca
p. 48-49 © Ezio Manciucca – © INTERWARE
p. 50 © INTERWARE – © Tal Lancman
p. 51 © Roberto Tulli
p. 53 © Maurizio Galante – bas à gauche © Jean-Louis Coulombel
p. 54-55 © Ezio Manciucca
p. 56 © Tal Lancman – © Maurizio Galante
p. 57 © Tal Lancman
p. 58 © Maurizio Galante
p. 59 © D.R.
p. 60 de gauche à droite © Tal Lancman – © Maurizio Galante – © Kimberly Holcomb
p. 61 © Maurizio Galante
p. 62 © Maurizio Galante
p. 63 © D.R.
p. 65 croquis © INTERWARE – photo © Ithemba
p. 66 © Maurizio Galante
p. 67 © Tal Lancman
p. 69 © Maurizio Galante
p. 70 © Maurizio Galante
p. 71 © Gaetano Pesce – © INTERWARE – © Roberto Capucci – © Angela Missoni
p. 72-73 © Maurizio Galante
p. 74 © Maurizio Galante
p. 75 © Ezio Manciucca
p. 76 © Maurizio Galante
p. 77 © Ezio Manciucca
p. 78-79 © Maurizio Galante
p. 80-85 © Tal Lancman
p. 86-87 © INTERWARE
p. 88 croquis © Maurizio Galante – photo © Frédéric Zeltner
p. 89 © Frédéric Zeltner
p. 92-93 © INTERWARE
p. 95 © Jacopo Farina

REMERCIEMENTS

Le musée d'Art et d'Industrie de Saint-Étienne remercie en premier Maurizio Galante et Tal Lancman pour s'être investis dans cette aventure…

Nous tenons à exprimer nos plus sincères remerciements à l'ensemble des éditeurs, prêteurs et collaborateurs sans qui cette exposition et ce catalogue n'auraient pu exister :
Baccarat
Boffi
Cerruti Baleri
Chez Higgins
CRAFT Limoges – Centre de Recherche sur les Arts du Feu et de la Terre.
Elettra Domus
Mme Maria Pia Galante Cinelli et Mr Galante
HC Editions
Ithemba
La Poste
Mussi Italy
Frédéric Zeltner

Merci pour leur généreux temps de parole accordé :
Chantal Granier pour Baccarat
Roberto Gavazzi et Anne Dalançon pour Boffi
Nino Cerruti et Federico Carandini pour Cerruti Baleri
Isabelle Gaudefroy pour la Fondation Cartier pour l'art contemporain
Raffaello Napoleone pour la Fondation Pitti Immagine
Marie-Claude Beaud et Mélanie Meyer pour le Mudam Luxembourg
David Shah et Giuseppina Sgambati-Shah pour View Textile Magazine

Un remerciement particulier à Odile Aubert, Daniel Bates et Oreol Vardi pour leur contribution précieuse.
Maurizio Galante et Tal Lancman remercient vivement Nadine Besse et toute son équipe, et plus particulièrement Sylvie Marot.

Nous remercions enfin :
L'association des Amis du musée d'Art et d'Industrie présidée par Claude Verney-Carron.
Les passementiers et les techniciens textiles bénévoles du musée d'Art et d'Industrie
Les équipes du musée d'Art et d'Industrie.

Cette manifestation n'aurait pu avoir lieu sans le soutien de la ville de Saint-Étienne :
Maurice Vincent, maire de Saint-Étienne, président de Saint-Étienne Métropole,
Françoise Gourbeyre, adjointe à la Culture,
Le conseil municipal,
La direction de la Communication et le service Presse,
La direction des Affaires culturelles.

Nous remercions le ministère de la Culture et de la Communication, DRAC Rhône-Alpes :
Alain Lombard, directeur régional des Affaires culturelles,
Lionel Bergatto, conseiller pour les musées.

ACKNOWLEDGEMENTS

The Museum of Art and Industry of Saint-Étienne wishes to thank first and foremost Maurizio Galante and Tal Lancman for their commitment to this venture…

We also wish to express our thanks to all the publishers, lenders and contributors without whom this exhibition and catalogue would not have existed:
Baccarat
Boffi
Cerruti Baleri
Chez Higgins
CRAFT Limoges – Centre de Recherche sur les Arts du Feu et de la Terre.
Elettra Domus
Mme Maria Pia Galante Cinelli and Mr Galante
HC Editions
Ithemba
La Poste
Mussi Italy
Frédéric Zeltner

Thanks to the following for their generous time spent in conversation:
Chantal Granier for Baccarat
Roberto Gavazzi and Anne Dalançon for Boffi
Nino Cerruti and Federico Carandini for Cerruti Baleri
Isabelle Gaudefroy for the Fondation Cartier pour l'art contemporain
Raffaello Napoleone for the Fondation Pitti Immagine
Marie-Claude Beaud and Mélanie Meyer for Mudam Luxembourg
David Shah and Giuseppina Sgambati-Shah for View Textile Magazine

Particular thanks to Odile Aubert, Daniel Bates and Oreol Vardi for their valuable contribution.
Maurizio Galante and Tal Lancman deeply thank Nadine Besse and all his team, and more particularly Sylvie Marot.

Finally, our thanks go to:
L'Association des Amis du muse d'Art et d'Industrie and its chairman Claude Verney-Carron.
The ribbon-maker of the Museum of Art and Industry
The staff of the Museum of Art and Industry.

This exhibition could not have taken place without the support of the town of Saint-Étienne:
Maurice Vincent, Mayor of Saint-Étienne, president of Saint-Étienne Métropole,
Françoise Gourbeyre, deputy for Culture,
The municipal council,
The directorate of Communications and the Press Service,
The directorate of Cultural Affairs.

We also thank the Ministry of Culture and Communications, DRAC Rhône-Alpes:
Alain Lombard, regional director of Cultural Affairs,
Lionel Bergatto, councillor for museums,

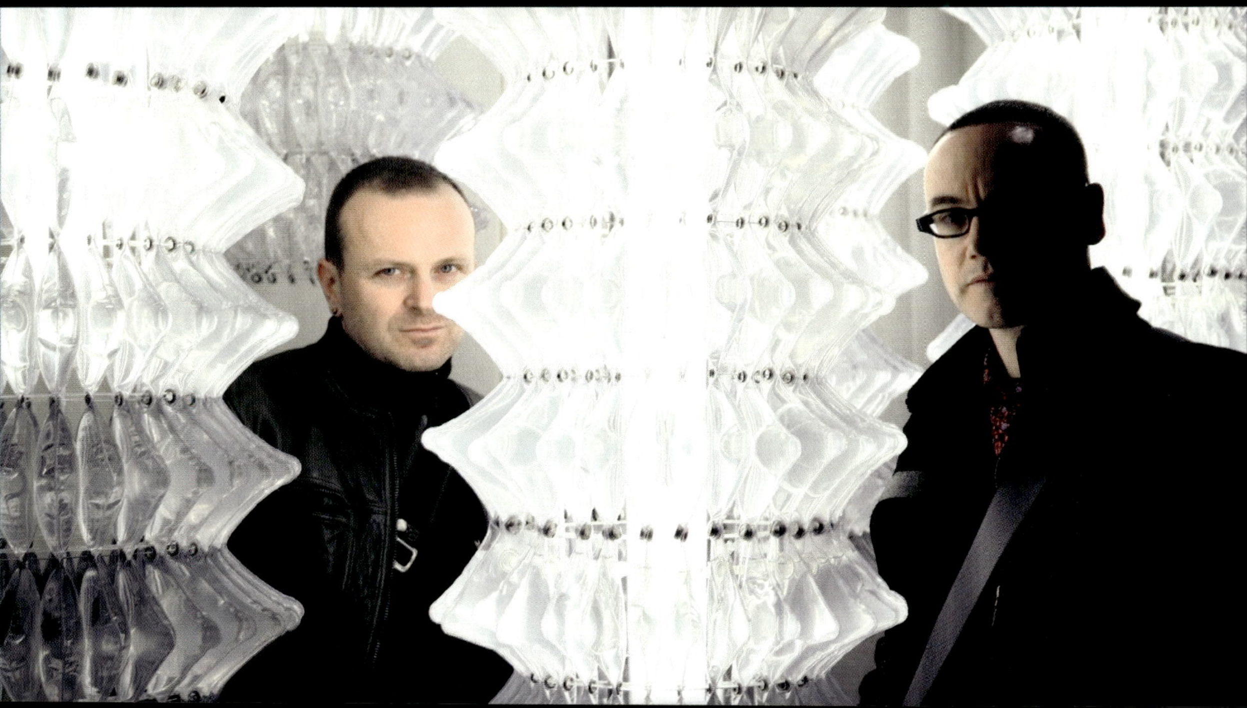

Co-édition Silvana Editoriale /
Musée d'Art et d'Industrie de Saint-Etienne

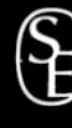

Silvana Editoriale

Projet et réalisation / Produced by
Arti Grafiche Amilcare Pizzi Spa

Direction éditoriale / Direction
Dario Cimorelli

Directeur artistique / Art Director
Giacomo Merli

Rédaction / Copy Editor
Viviana Vai

Mise en page / Layout
Floriana Pellegrino

Organisation / Production Coordinator
Michela Bramati

Secrétaire de rédaction / Editorial Assistant
Elena Piaggese

Iconographie / Iconographic office
Deborah D'Ippolito, Alessandra Olivari

Bureau de presse / Press office
Lidia Masolini, press@silvanaeditoriale.it

Aucune partie de ce livre ne peut être reproduite
ou cédée, sous quelque forme que ce soit,
ou par n'importe quel moyen que ce soit
(électronique, mécanique ou autre),
sans l'autorisation écrite des ayants droit et des éditeurs.
Les éditeurs sont à la disposition des éventuels
ayants droit qu'il n'a pas été possible de retrouver.
All rights reserved. No part of this publication may be reproduced
or transmitted in any form or by any means, electronic or
mechanical, including photocopy, recording or any other
information storage and retrieval system, without prior permission
in writing from the publishers.
The publishers apologize for any omissions that inadvertently
may have been made

© 2010 Silvana Editoriale Spa
Cinisello Balsamo, Milano
© 2010 Musée d'Art et d'Industrie
de Saint-Etienne

Silvana Editoriale Spa

via Margherita De Vizzi, 86
20092 Cinisello Balsamo, Milan
tél. +39 02 61 83 63 37
fax +39 02 61 72 464
www.silvanaeditoriale.it

Les reproductions, l'impression
et la reliure ont été réalisées
par l'établissement
Arti Grafiche Amilcare Pizzi Spa
Cinisello Balsamo, Milan
Reproductions, printing and binding by
Arti Grafiche Amilcare Pizzi Spa
Cinisello Balsamo, Milan

Achevé d'imprimer
en octobre 2010
Printed October 2010